colección acción empresarial

EMPRESA ADMIRADA: LA RECETA

SALVADOR ALVA

EMPRESA ADMIRADA:
LA RECETA

MÉXICO D.F. MONTERREY
MADRID BARCELONA LONDRES MUNICH

Comité Editorial de México: Jaime del Valle
Ignacio Aranguren, Carlos Alcérreca, José DelaCerda Gastélum,
Marcelino Elosua, Jorge Fabre, María Fonseca, Alfonso González,
Agustín Llamas y Jorge Smeke.

Colección Acción Empresarial
Editado por LID Editorial Mexicana
Homero 109, 1405. México DF 11570
Tel. +52 (55) 5255-4883
info@lideditorial.com.mx
LIDEDITORIAL.COM.MX

A member of **BPR**

businesspublishersroundtable.com

Colección Acción empresarial
© 2011 Salvador Alva
© LID Editorial Mexicana 2011, de esta edición

Impreso en México / *Printed in Mexico*

ISBN: 978-607-7610-23-6
Edición: Nora Casasús y Elvia Navarro Jurado
Coordinación editorial: Amanda Solís Tapia
Lectura y correcciones: Angélica Ancira
Impresión: Sigar
Primera edición: febrero de 2011

A Irma, mi compañera, por inspirarme, apoyarme y dejarme SER

Índice

1

Punto de partida

Los nuevos retos a los que hoy nos enfrentamos,
no los podemos resolver con el mismo pensamiento
que teníamos cuando se iniciaron.

ALBERT EINSTEIN

Al analizar la industria editorial y ver la cantidad de publicaciones e información que estamos recibiendo, lo primero que me pregunté es ¿por qué escribir un libro más? Dicen que diariamente se publican en el mundo más de 3,000 libros y que la mayor parte de ellos termina en la lista de fracasos y va directamente a la basura.

El mundo de la lectura puede representarse como un embudo: la producción es la parte ancha y la lectura la parte estrecha. Dicho de otra forma, la oferta es superada por la demanda o hay más información de la que se puede asimilar.

Recuerdo que cuando escribí el libro *Tu vida, tu mejor negocio* me recomendaron un determinado número de páginas, porque con base en ellas se planearía el tamaño y el precio de venta al público.

Toda mi vida trabajé dentro de empresas donde el valor del tiempo era tan importante que ser concisos y directos en la comunicación era parte del entrenamiento, pues el tiempo de los demás se traducía en la productividad.

Me resistí a la idea de escribir más de 150 cuartillas por considerarlo un abuso para el lector. También tuve presente que muchos de los libros de negocios que había leído con buenas ideas se podían haber resumido en un par de cuartillas, pero la realidad es que el mensaje lo entregaban en libros de 300 a 500 hojas en pasta dura para así poder cobrar de treinta a cuarenta dólares.

De lo que no tengo duda es que en cualquier mercado, incluyendo el editorial, puedes tener un buen nivel de éxito simplemente viendo con otros lentes, observando al cliente y haciendo ajustes al modelo de negocio.

Analizar los mercados y las tendencias de los consumidores y romper paradigmas son unas de las necesidades apremiantes de todo líder. Hay una frase que ha regido mi vida profesional y me ha permitido alcanzar éxitos en la misma: «No sigas el camino, ve por donde no hay vereda y deja huella».

En el mundo de los negocios es común la envidia por el éxito ajeno; yo lo resumo en una frase: «El éxito nadie te lo perdona». Esto lo podemos ver reflejado en el comportamiento tradicional de nuestros competidores, cuando tratan de copiar nuestros productos y quitarnos clientes y terminamos irremediablemente en luchas de precios y locos descuentos que hacen menos atractiva la industria o sector. Esto lo llamamos los *commodities* o poca diferenciación.

El reto que hoy tiene el empresario es «diferenciarse» lo más rápido posible y «hacer a la competencia irrelevante» o, dicho de otra forma, no mirar a la competencia y enfocarse en nuevos mercados, nuevos clientes, nuevas soluciones que nadie esté viendo, y entonces dejar que la competencia le siga, pero él ya va tres pasos adelante.

Si hoy analizamos nuestros negocios, éstos dependen generalmente de un grupo pequeño de clientes –alrededor de 20%– que genera más de 80% de las ventas.

El error es que vemos y tratamos a todos los clientes con normas y políticas similares, cuando lo que deberíamos hacer es diferenciar nuestro trato y condiciones dependiendo de su lealtad a nuestros productos.

Por otro lado, si nos dedicamos a entender a aquellos que compran poco o inclusive a los que ni siquiera consideran nuestros productos como una opción, puede que encontremos una de las mayores fuentes de crecimiento. El reto está en ver las cosas con otra óptica.

El retorno de capital o la rentabilidad es directamente proporcional al porcentaje de diferenciación que los productos tienen en el mercado. Veamos Microsoft, cuyos márgenes de utilidad de operación superan 40%, simplemente están solos con muchos productos en el mercado. Lo mismo sucede con todos aquellos pioneros como Dell, Southwest Airlines, Red Bull, Starbucks, Intel o quienes tienen ventajas competitivas únicas.

En el lado opuesto se encuentran todas esas industrias o empresas maduras como Ford, General Motors, American Airlines, IBM, etcétera. Sus márgenes y niveles de diferenciación son muy pequeños.

Siempre nos preguntamos por qué los pioneros en la mayoría de los nuevos sectores de la economía fueron empresarios pequeños, cuya falta de capital la suplieron con creatividad, buenas ideas y rompimiento de paradigmas.

La respuesta es muy simple: los grandes son poderosos pero pierden la agilidad y la capacidad de ver nuevos horizontes. Sus líderes generalmente son administradores que tienen terror a equivocarse y por lo tanto no toman riesgos. Algunos de ellos llevan sobre sus hombros la empresa y el patrimonio de la familia.

La mayoría no se da cuenta que al no cambiar a la velocidad del mundo y la tecnología está tomando un mayor riesgo y sus empresas tarde o temprano morirán dependiendo de qué tan fuertes y duraderas sean sus ventajas competitivas.

Revisemos en qué posición están ahora muchas de las empresas pioneras del siglo pasado en varios sectores. Cámaras fotográficas: Leica, fax: Xerox, servicios de Internet: CompuServe, fotocopiadoras: Xerox y 3M, televisores: RCA, pañales desechables: Chicopee Mills, motocicletas: Harley-Davidson, etcétera.

Cuadro 1.1. Pioneros contra líderes actuales

CATEGORÍA	PIONERO	ACTUAL LÍDER
Hornos de microondas	Ampex	LG/Samsung
Secadoras de ropa	Canton Clothes	Whirpool /GE
Computadoras personales	Mits	Dell / HP
Fax	Xerox	Sharp/Cannon
Tenis	Converse	Nike
Rasuradoras	Blue Blade	Gillette

La realidad de hoy es que los líderes que dirigen la mayor parte de esas empresas fueron premiados por sus resultados en un mundo pasado, pero ahora se les pide que transformen y evolucionen a sus empresas hacia un nuevo mundo incierto.

Las preguntas que nos debemos estar haciendo son las siguientes: ¿Quién los ha preparado para ello?, ¿en dónde están las escuelas que forman a estos líderes para enfrentar los desafíos y amenazas de sus negocios?, ¿quién tiene experiencia sobre un mundo que aún no se inventa?, ¿con qué credenciales y experiencia los maestros de las escuelas de negocios pueden enseñar lo que ellos no han practicado?

El despido de directores generales por parte de los consejos de administración ha aumentado en forma alarmante y los promedios en sus puestos no superan los cinco años. Aun cuando han aparecido miles de publicaciones de negocios intentando ayudar a los ejecutivos a reinventarse, no han logrado más que hacerles la vida más complicada, pues esas teorías son sólo piezas del rompecabezas del proceso de negocios y cuando se aplican en forma aislada los resultados no son significativos.

Hay directores que deciden trabajar en una nueva visión y la publican y difunden con gran entusiasmo, pero cuando la gente ve que el equipo directivo no tiene las habilidades para llevarla a cabo, se genera una gran ansiedad. Aunque se tenga la gente adecuada, si no está alineada y trabaja en equipo se crea una gran confusión; o si no hay recursos para invertir en la nueva visión se genera frustración.

La transformación de un negocio requiere ajustes al modelo de negocio y una buena dosis de paciencia y consistencia que pocos líderes están dispuestos a invertir.

Cuadro 1.2. Etapas de una transformación

ETAPAS					RESULTADO
VISIÓN	HABILIDADES	ALINEAMIENTO	RECURSOS	PLAN DE ACCIÓN	**TRANSFORMACIÓN**
	HABILIDADES	ALINEAMIENTO	RECURSOS	PLAN DE ACCIÓN	**CONFUSIÓN**
VISIÓN		ALINEAMIENTO	RECURSOS	PLAN DE ACCIÓN	**ANSIEDAD**
VISIÓN	HABILIDADES		RECURSOS	PLAN DE ACCIÓN	**CONFLICTO**
VISIÓN	HABILIDADES	ALINEAMIENTO		PLAN DE ACCIÓN	**FRUSTRACIÓN**
VISIÓN	HABILIDADES	ALINEAMIENTO	RECURSOS		**PASOS EN FALSO**

Supongamos que establecemos una serie de valores, entre ellos innovación, pero seguimos castigando a aquel que falla en un intento por innovar, o no tenemos capital semilla ni mentores para apoyar a los emprendedores y sus nuevas ideas, o no está incluida la innovación en la evaluación de desempeño de la gente. En resumen: confusión.

No puede haber cambio ni transformación si no se revisa todo el modelo de negocio y se hacen los ajustes con cierta rapidez. Se dice fácil, pero es una tarea titánica que no se podrá lograr si los directores generales siguen utilizando la mayor parte de su tiempo en ejecutar la estrategia o dicho de otra forma en operar el día a día.

Un buen director debe dividir su tiempo en tres partes: ejecutar, crear y aprender. Hay momentos como el crear la visión y preparar a la organización (aprender) que podrían requerir más de 80% de su tiempo.

Un líder que dedique más de 30% a la operación -que puede ser delegada-, está evadiendo su principal responsabilidad, la cual consiste en ver por el futuro y la evolución de la organización y su talento. Tarde o temprano esta organización tendrá una brecha casi imposible de cerrar.

Cuadro 1.3. Ser mejor o ser diferente

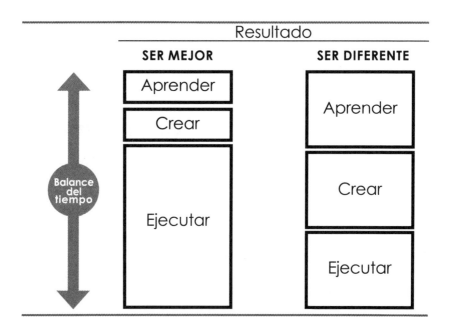

No olvidemos que aunque la tecnología cambia a pasos acelerados, al ser humano le cuesta mucho trabajo evolucionar a esta velocidad.

El rol del líder es cerrar esta brecha y a ello debe dedicar buena parte de su tiempo.

Cuadro 1.4. El rol del líder: tecnología contra cultura

El libro *Empresa admirada: la receta* no pretende ser un libro más para llenar los anaqueles de los hombres de negocios. Busco hacer de este libro algo único y distintivo. No sé si lo logre porque eso no me toca juzgarlo a mí, pero ese es el propósito que me dio sentido y ánimo para sentarme por las noches a prepararlo.

Es un modelo de trasformación total, práctico, y que tuve la oportunidad de aplicarlo en cuatro ocasiones como director general en asignaciones muy diferentes: 1) la creación de un negocio de la nada para convertirlo en líder en el mercado de dulces infantiles: Sonric's; 2) la transformación de un negocio de productos horneados, Gamesa, reconocido en tres ocasiones como la mejor operación mundial de PepsiCo; 3) la integración de operaciones aisladas en Latinoamérica del negocio de alimentos en PepsiCo, y 4) mi última asignación en la presidencia de PepsiCo Latinoamérica para la integración de los negocios de alimentos y bebidas. Por confidencialidad no puedo divulgar los resultados de estas asignaciones, pero lo atestiguan las miles de personas que han sido parte integral de estas historias y cuyos resultados siempre excedieron nuestras expectativas.

El libro decidí llamarlo *Empresa admirada: la receta* porque con él busco dar una perspectiva integral y práctica, desde la óptica del líder de la organización, sobre las mejores herramientas para llevar a cabo una transformación de los negocios, por medio de una metodología ordenada para el proceso de transformación empresarial.

Al que opera un negocio, o a un nuevo emprendedor, le permitirá acortar su tiempo de implementación y evitar errores a través de compartir experiencias. Para aquellos que son premiados con puestos de mayor responsabilidad les doy recomendaciones de alguien que estuvo en su posición en algún momento.

No quiero abusar del tiempo del lector, así que en cada página siempre encontrará algunas recomendaciones prácticas para aplicar en sus negocios, con la perspectiva de estar viendo el rompecabezas total de la trasformación.

No pretendo que seamos expertos en cada una de las herramientas propuestas, pero sí que se entienda el efecto que una acción tiene sobre la organización, el modelo de negocios y su cultura.

También abordaré el tema de comunicación para disminuir la tensión natural que existirá y lograr el compromiso de la organización.

Ser una empresa admirada implica no sólo tener el éxito económico sino lograr que los empleados vean a la empresa como un gran lugar para trabajar y que los clientes tengan una lealtad muy especial por su servicio y diferenciación de productos.

Ser una empresa admirada genera un nivel de satisfacción que sobrepasa cualquier éxito económico y genera un valor muy grande al accionista, además de lograr que el nuevo aspire a ser parte de ella.

Alguien me preguntaba si una empresa industrial pudiera llegar a ser admirada. No tengo duda, siempre que rompa paradigmas y que busque ser única y diferente. Veamos un ejemplo extremo para entender de lo que estoy hablando.

Semco es una empresa de Brasil que fabrica maquinaria para la industria alimentaria y bombas marinas. Su líder, Ricardo Semler, decidió tratar a sus trabajadores como adultos responsables y no como adolescentes. Múltiples asociaciones la han nombrado como la mejor compañía para trabajar y cada mes reciben cerca de 300 solicitudes por cada puesto disponible en la organización.

Algunas de las ideas que han aplicado y que se encuentran en mayor detalle en sus dos libros *Radical* y *Contra la corriente* son las siguientes:

- Los empleados de línea establecen sus propias horas de trabajo y 150 personas de nivel gerencial establecen sus propios salarios y bonos: «Les pedimos que nos digan cuánto es lo que quieren ganar que sea justo y se los pagamos. Con pocas excepciones hemos tenido que decirles que lo que están ganando no corresponde a la contribución que están haciendo».

- Comparten con todos los empleados los estados financieros y a cada división le entregan un cheque con 23% de utilidades para que ellos decidan qué hacer con ellas.

- Los distintos departamentos hacen negocios entre sí y si no les gusta el precio o servicio son libres de comprarle a alguien más. «La amenaza de la competencia nos mantiene a todos en guardia».

- Las personas contratadas y ascendidas son entrevistadas y aprobadas por todos quienes trabajan para él y cada seis meses los gerentes son evaluados por sus subordinados y los resultados se publican para que todos los vean.

- Se han despojado de los privilegios que alimentan el ego, son costosos y distraen de las tareas cruciales de la empresa: «Nunca les han cancelado un pedido porque la recepcionista usa jeans en lugar de un vestido formal».

No continúo porque estoy seguro que para muchos éstos son paradigmas difíciles de romper, pero ser una empresa admirada significa ser diferente y única. Hipotéticamente, si todos hoy decidiéramos ser como Semco, en automático dejarían de ser únicos y admirados. Este es un objetivo móvil porque siempre dependerá de un comparativo con otros.

Será responsabilidad del líder definir el calendario, las prioridades y el énfasis en los distintos pasos para la transformación. Pero el proceso que he denominado VOC permitirá que la organización entienda cómo encaja cada pieza del rompecabezas, dando así sentido y logrando un apoyo entusiasta a los procesos de cambio.

VOC son tres pasos de fácil descripción y comunicación:

- **Alinear la Visión**
- **Alinear la Organización**
- **Alinear la Cultura**

VOC es un proceso de transformación que se apoya en las mejores herramientas que he seleccionado, pero como no son las únicas, algunas de ellas pueden ser sustituidas.

Ejemplos: para implementar la estrategia, una de las mejores herramientas es el *Balanced Scorecard*; para crear una organización rápida y enfocada al cliente: la reingeniería de procesos; para alinear a toda la organización a los tres o cuatro objetivos más críticos (batallas): *Must-Win Battles*, etcétera.

Cuadro 1.5 Proceso VOC

Aunque recomiendo que las tres fases sean secuenciales en su implementación, hay varios programas de las tres etapas que pueden aplicarse al mismo tiempo.

Este libro no pretende mostrarnos cómo correr la misma carrera más rápido, sino cómo hacer para correr una carrera diferente. Este es un libro de transformación y sirve para todo el que está inmerso en una empresa y desea crecer o ser parte de un proceso de cambio. Para el que aún no tiene un negocio y tiene algunas ideas, la metodología VOC le permitirá prevenir algunos errores comunes y construir un negocio con una cultura innovadora que pueda moverse a mayor velocidad que otros jugadores.

Como dijo algún día Peter Drucker: «La mejor forma de predecir el futuro es crearlo».

2

Innovar-transformar o morir

Cuando el ritmo de cambio del entorno es mayor que el ritmo de cambio interno de la organización... el final está cerca.

David G. Vice, ex presidente de Northern Telecom, decía: «En el futuro habrá dos tipos de organizaciones: las rápidas y las muertas» dependiendo de la velocidad para encontrar el camino a la productividad y la búsqueda de mayor valor al consumidor. Esto suena muy alarmante pero es cierto si lo analizamos con una perspectiva histórica.

Muchas de las cien empresas más importantes del mundo de hoy no existían hace cincuenta años y varias de las que existían ya han desaparecido o han sido adquiridas. También es cierto que han nacido grandes empresas que en muy poco tiempo han tomado posiciones de liderazgo en nuevos sectores de la economía como: Microsoft, Intel, Apple, Google, Skype, etcétera. Y muchas de las empresas que hasta hace poco tenían marcas líderes, hoy se debaten entre reinventarse o morir.

Sony, la marca con la que nacimos en mi generación y significaba calidad e innovación en electrónica, hoy ha sido superada en muchos aspectos por Apple y nadie tiene duda de que esta última será la empresa líder en tecnología electrónica.

En el último ejercicio fiscal de ambas empresas Sony (3/2010) vendió 77 billones de dólares y Apple (9/2009) vendió 42 billones. Esto quiere decir que Sony es aún 1.8 veces mayor que Apple en ventas. Sin embargo, el valor de ambas compañías en el mercado es todo lo opuesto. Mientras

Sony vale 29 billones, el valor de Apple se estima en 230 billones al mes de agosto de 2010, ¡casi 8 veces más!, aún y cuando el nivel de ventas es menor. Hay muchos factores que explican estas diferencias pero en esencia el inversionista percibe que el modelo de negocio y el futuro de Apple es más prometedor y lo ve reflejado en sus innovaciones y utilidades de los últimos años. Apple en menos de tres años duplicó su negocio y en ese mismo lapso de tiempo, Sony sólo creció 10%.

Una encuesta entre líderes empresariales indicó que 65% espera que en los próximos diez años sus competidores sean nuevos, mientras sólo 35% piensa que seguirán siendo los actuales. Consideran que 60% del éxito de los nuevos competidores se atribuirá a cambiar las reglas del juego y sólo 40% a un mejor desempeño.

La velocidad de cambio actual no tiene precedente y esta velocidad crecerá en forma exponencial. Solamente la tecnología de los últimos treinta años supera los inventos de los últimos dos millones de años de la humanidad.

A nivel mundial tardamos 74 años en alcanzar cincuenta millones de teléfonos a partir de su invención. La televisión tardó trece años para llegar al mismo número de usuarios. Internet lo hizo en sólo cuatro años. Hace quince años había cuatro millones de usuarios que navegaban por la red. Hoy se estima que la cifra asciende a los 2,000 millones.

Hace veinte años el desarrollo de un automóvil nuevo tardaba seis años y hoy se hace en doce meses. Hipotéticamente la capacidad de procesamiento de una computadora con valor de 1,500 dólares, en 1960 hubiera costado más de dos millones y hubiera ocupado una habitación enorme. El poder de cómputo se ha duplicado cada 18 meses durante los últimos treinta años.

En una sola generación el costo de decodificar un gen humano ha bajado de millones de dólares a cien. El costo de almacenar un megabyte de datos ha bajado de centenares de dólares a prácticamente cero. La ubicuidad de Internet ha hecho perder sentido a la geografía.

Uno de cada ocho matrimonios se conocieron por Internet y Google atiende más de 300 millones de búsquedas al día.

En un estudio mundial de la firma de investigación Gfk.NOP con personas mayores de trece años se pidió que seleccionaran de seis a quince características para una buena vida. Las tres más nombradas fueron: buena salud, seguridad financiera y tener una casa. Lo interesante es que las siguientes siete características para una buena vida fueron cosas intangibles como: matrimonio feliz, niños, autocontrol de su vida, trabajo interesante, viajes de placer, tiempo libre y riqueza espiritual. Al final y con calificaciones bajas quedaron cosas como: un bonito jardín en casa, educación, un auto de lujo, joyería, ropa y artículos de electrónica.

Cuando vemos estas prioridades en las nuevas generaciones debemos preguntarnos: ¿cómo será el clima laboral?, ¿cuál será el papel de los líderes de las empresas para responder a estas necesidades si sus competencias menos desarrolladas son: propósito de vida, conciencia de sí mismos, equilibrio entre su vida personal y de trabajo, habilidades de inspirar y generar cambio, trabajo colaborativo, etcétera?

Desde el inicio de la humanidad hace millones de años, el poder y la fuerza de las sociedades estaba determinado por el tamaño de sus territorios y ejércitos. El poderío se medía en función de las tierras conquistadas, sus recursos naturales y su mano de obra. No fue hasta el siglo XIX que las fuerzas de poder empezaron a cambiar con la industrialización y aparición de grandes empresas y corporaciones que determinaron la importancia de un país. Con este movimiento se inicia la era del conocimiento y la globalización que hoy por hoy define a los países ricos y pobres.

Cada día el tamaño de país va perdiendo importancia y vemos cómo la tercera y cuarta potencias del mundo, Japón y Alemania respectivamente, ocupan el territorio número 60 y 61 con superficies inferiores a países como Paraguay y Camerún. Por el contrario un país como Argentina que hace dos siglos era una potencia mundial, hoy es la economía número treinta y la número ocho en territorio.

Países como Mongolia, con territorio similar en tamaño a México, tienen una economía menor a 5% de la mexicana.

Veremos en el futuro que los países irán perdiendo importancia y el poder económico será sustituido por grandes corporaciones mundiales que dominarán el espectro mundial.

Si las cinco compañías con mayor valor de capitalización fueran países, ocuparían las posiciones número 25 a 30 en la escala mundial entre 192 países. Las fortunas de Carlos Slim o Bill Gates en forma individual, son mayores que las de países como Ecuador, Guatemala, Luxemburgo o República Dominicana. Las veinte compañías más fuertes de Estados Unidos representan 7.3% de la economía mundial.

Internet y los sistemas de comunicación alteraron la forma de vida en el mundo. Hoy las redes sociales han alcanzado una dimensión inimaginable. Sólo Facebook cuenta con 500 millones de usuarios; visto como país, sería el tercero del mundo después de China e India.

El consumidor vivirá en una aldea global en donde las fronteras desaparecerán y su lealtad estará con aquellas compañías o marcas que ofrezcan más «valor» al menor costo. Las empresas ganadoras serán las que entiendan las tendencias del consumidor y desarrollen productos y servicios que lo sorprendan.

En esta nueva era del conocimiento nuestro reto mayor será el evolucionar la cultura y las conductas de los empleados a la misma velocidad del cambio tecnológico. El ser humano, por diseño, genera hábitos a través de la repetición de conductas, pero olvidarse de ellas cuesta mucho esfuerzo y voluntad.

Las compañías y la gente no cambian hasta que el dolor de permanecer igual es mayor que el dolor del cambio. Las estadísticas nos demuestran que las empresas sólo cambian en crisis y bancarrota y salvo un pequeño número de ellas (no excede 10%) lo hace en buenos momentos con la única intención de poder ir más rápido en su visión y expansión.

Cuadro 2.1. ¿Por qué cambian las empresas?

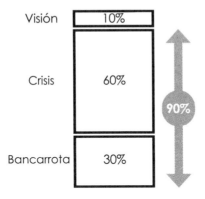

Las empresas generan una brecha entre el desarrollo tecnológico y la velocidad de adaptación de la gente. Los líderes invertimos en tecnología cuando el reto es el diseño de la organización, sus procesos y su cultura para alinearse con el cambio tecnológico y el ambiente competitivo. Si no cerramos esta brecha, no lograremos una transformación real. Queremos empleados motivados pero esto sólo se logra cambiando la cultura de subordinación por una de cooperación, compromiso e innovación.

Cuadro 2.2. Empresa tradicional contra admirada

Fuimos educados bajo patrones de poder y ahora es necesario sustituir los viejos esquemas por nuevas alternativas de colaboración. Vamos a requerir gente con nuevas habilidades: flexibles y promotores del cambio.

Muchos de los roles con que hoy trabajamos no existirán en el futuro. Las ocho carreras o trabajos que tendrán mayor demanda en veinte años aún no han sido creadas. Los trabajos serán más complejos, desafiantes y autónomos; buscando la innovación y diferenciación como el arma más poderosa de una empresa. En este ambiente, necesitaremos líderes que se enfoquen al cliente y no al jefe, al equipo sobre el individuo, disciplinados contra improvisados, emprendedores antes que empleados.

Los líderes premiados serán verdaderos agentes de cambio, dispuestos a eliminar muchos de los principios exitosos del pasado; con la utilización creativa de la tecnología y el apoyo a la educación y la comunicación como prioridades en su agenda. En conclusión, requerimos un cambio en la forma de pensar de la gente y los líderes de nuestras organizaciones. Pero: ¿cómo atraer este tipo de talento a nuestras organizaciones?

Pensemos si Steve Jobs, Michael Dell y Bill Gates hubieran pretendido trabajar en una compañía tradicional llena de normas, procedimientos y manuales y donde los líderes rechazan las nuevas ideas. Estoy seguro que no habrían pasado una entrevista de trabajo con el lenguaje y la vestimenta que tenían cuando iniciaron sus negocios.

Fuente: Latinstock

Bill Gates y Steve Jobs en los primeros años de sus carreras.

Si no creamos las condiciones para atraer a estos jóvenes emprendedores a nuestros negocios, difícilmente podremos transformar e innovar. Pero sabemos que ellos no están dispuestos a trabajar si no tienen flexibilidad en horarios, libertad en sus estaciones de trabajo, opción a trabajar desde casa, vestimenta informal, pago proporcional a sus contribuciones personales, eliminación de títulos y signos de poder, cultura incluyente para todas las creencias y afiliaciones, juegos y diversiones para los tiempos libres, etcétera.

Reflexionemos por un momento sobre la riqueza que estos tres hombres crearon y que hoy (en 2010) supera los 450 billones de dólares. ¿Cómo fue posible que IBM y Sony no hubieran tenido la cultura y los líderes para retener este tipo de talento hace cuarenta años? Seguramente la arrogancia de su liderazgo no les permitió ver más allá. Hoy el valor combinado de estas dos empresas es de 185 billones de dólares. Estos tres muchachos (Dell, Jobs y Gates) crearon desde cero un valor empresarial que los supera en 2.4 veces.

La lealtad de las empresas y los empleados se irá perdiendo. Hoy uno de cuatro empleados trabajan contratados por menos de un año. Los empleados se preguntarán si serán despedidos, reubicados, reprocesados, *reingenierizados*, o si la compañía comprará otra, se venderá, fusionará o desaparecerá. Se calcula que una persona desempeñará hasta catorce trabajos diferentes antes de cumplir los 38 años.

¿Cómo prepararnos para trabajos que aún no existen, para usar tecnologías que aún no se inventan y para resolver problemas que ni siquiera podemos imaginar?

Hoy nos preguntamos ¿cómo pudimos funcionar en el pasado sin teléfono celular o sin Google? Ya no podemos imaginar la vida sin estos productos. No habrá ningún campo de la actividad económica que no genere cambios dramáticos en los siguientes años.

En medicina: cambios genéticos que programarán nacimientos, la producción de órganos en animales para trasplantar en humanos, drogas para detener el cáncer, vacunas para el sida, cólera, malaria, hepatitis, etcétera.

En el mundo de la electrónica: se eliminarán las cajas registradoras y códigos de barras para ser sustituidos por chips y arcos magnéticos; traducción de voz simultánea en cualquier idioma; realidad virtual simulando cualquier experiencia y sensación humana; inteligencia artificial que iguale al cerebro, etcétera.

En telecomunicaciones: Internet a la velocidad de la luz y teléfonos 100% con video; pantallas de video que serán del tamaño de las paredes; las compras por Internet serán la norma, etcétera.

En energía: celdas de hidrógeno para generar electricidad en autos y casas, baterías de larga duración para autos eléctricos.

En agricultura: la modificación genética para obtener mejores alimentos; granos resistentes a cualquier plaga y que requieran poco fertilizante y agua; producción hidropónica de vegetales.

En transportación: automóviles con carrocerías de plástico; plásticos que conducirán la electricidad y motores de cerámica; autos para manejar sin manos y con sistemas anticolisión; trenes de alta velocidad con levitación magnética, etcétera.

Si pensamos un momento la lista puede ser larga y no habrá industria que no se encuentre amenazada con estos cambios que terminarán por imponerse. O somos nosotros los que vamos por delante y nos esforzamos por ser innovadores y revolucionarios o cómodamente nos quedamos a la espera de que la competencia nos acabe.

Uno de los retos de competitividad que enfrentan las empresas en todo el mundo es el de ofrecer productos y servicios diferenciados e innovadores que ofrezcan un valor agregado para los clientes y consumidores. No es ningún secreto que la innovación y los cambios de paradigmas han sido el motor del crecimiento a través de los siglos.

En esta era una compañía que esté evolucionando lentamente ya se encuentra en camino de extinción.

Para innovar debemos:

1. Enfocar el negocio hacia oportunidades que existen en los actuales mercados y en los nuevos que se abren por efecto de la globalización.

2. Ver los negocios de manera distinta y entregar a los clientes productos y servicios que se diferencien del que brindan los competidores locales e internacionales.

3. Desarrollar capacidades y conocimientos para crear nuevos productos y servicios más rápido que la competencia.

4. Despojarnos de las formas tradicionales de hacer negocios.

Debemos pensar distinto que los competidores o dicho de otra forma, las empresas tradicionales seguirán compitiendo para ser mejores y las nuevas empresas competirán para ser únicas.

Difícilmente vamos a perdurar con una estrategia que sea *más de lo mismo*. Debemos tener la capacidad de concebir de otra manera los negocios existentes a fin de crear nuevo valor para los clientes, sorprender a la competencia y crear nueva riqueza para los inversionistas. Una empresa que hoy en día no sea lo suficientemente innovadora, desaparecerá del mercado de una u otra forma… sólo será cuestión de tiempo.

George Land publicó en 1972 su libro *Crecer o morir* donde demostró que toda organización, ya sea empresa, país o individuo tiene tres fases en su evolución. La fase 1, de Supervivencia y nacimiento, en la cual se establecen los cimientos y modelo de negocio para pasar a la segunda fase denominada Crecimiento o éxito. Ésta es la de mayor esplendor de las empresas y donde el éxito no les permite ver los focos rojos o amenazas del medio ambiente. En esta etapa las empresas rechazan cambios profundos al negocio argumentando que todo va bien y que no vale la pena tomar un riesgo innecesario. Esta fase es la del *huracán,* en donde todos ven la amenaza, menos el que está en el ojo del mismo, donde existe una gran calma. Generalmente éste es el lugar en que se encuentran muchas empresas sin darse cuenta de los peligros que las acechan.

La tercera fase, denominada *Cambio o muerte,* es cuando las amenazas se materializan. En muchos casos resulta muy tarde para reaccionar y las empresas pueden morir.

Cuadro 2.3. Evolución de una empresa

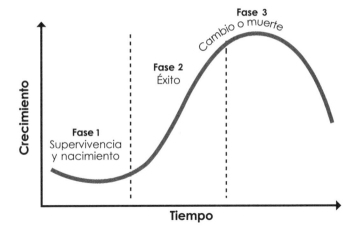

El doctor Land demostró que la forma de extender la vida de una empresa es cambiar a una nueva curva en los momentos de la segunda fase, revisando el modelo de negocio y generando los cambios necesarios para iniciar nuevamente una fase 1 de nacimiento y así sucesivamente durante toda la vida de la organización.

Sin embargo, el intentar un cambio cuando la empresa va muy bien tiene sus riesgos; todo cambio genera un desajuste que detiene la inercia de crecimiento de la fase 2. A este proceso de reinvención constante se le denomina *proteger el pasado.*

Cuadro 2.4. Fases de un negocio

Para el líder existe el riesgo de ser despedido al cambiar cuando las cosas van bien; tendrá muchos enemigos que argumentarán que fue una muy mala decisión. La mayoría prefiere accionar el cambio cuando las cosas van mal, que es generalmente al final de la fase 2 y cuando nadie se opone al cambio.

El ciclo de vida de las empresas se está haciendo más corto que en el pasado por los cambios tecnológicos y las amenazas competitivas y esto obliga a revisar continuamente el modelo de negocio.

Lo mismo sucede con los ciclos de los países que se han ido reduciendo a través del tiempo. El Imperio romano (753 a.C.-476) duró cerca de 1,229 años, el bizantino (476-1453) 977 años, el islámico (632-1492) 860 años, el francés (1625-1860) 235 años, el británico (1605-1947) 342 años, el alemán (1871-1918) 47 años y el imperio actual, el americano (1912-a la fecha) que lleva sólo 98 años. Nadie duda que China sea el siguiente imperio del mundo económico, superando a Estados Unidos, pero sí existen diferencias en la fecha en que se pronostica que esto sucederá. En cualquier caso, la historia de los países, al igual que la de las empresas, nos indica que los ciclos están siendo cada día más cortos.

Un caso dramático es el de México y China.

- En 1990 México era la economía número doce y China la once, su diferencia en tamaño era de 15%.

- En sólo 21 años China pasó al lugar número dos y México retrocedió al número catorce.

- Hoy la economía china es 5.3 veces mayor que la mexicana.

Nuestro país se abrió al mundo, pero se quedó con el modelo de un país cerrado. Sus habitantes tienen una resistencia a cambiar y los resultados están a la vista. Lo mismo sucede en muchas empresas que se resisten a una transformación.

Saber cuándo cambiar es un gran reto y el doctor Land sugiere que en los procesos de planeación estratégica debemos formular la matriz de riesgos y amenazas (focos rojos), evaluando su impacto y probabilidad para gestionar un plan de acción con anticipación.

Todos entendemos que las amenazas existen, pero generalmente tendemos a darle poca importancia a la probabilidad de que sucedan, sin darnos cuenta que las mismas son oportunidades de negocios para competidores o nuevos jugadores y que pueden materializarse antes de que lo pensemos.

Todo negocio nace de una oportunidad en un momento determinado y en un ambiente competitivo.

Con base en esta idea desarrollaremos un modelo de negocio, su organización y su cultura.

A continuación se muestra un esquema con las tres fases en el arranque del negocio que deben estar alineadas e interconectadas para un funcionamiento armónico.

Cuadro 2.5. Inicio del negocio

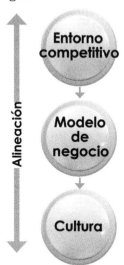

Cuando el medio competitivo cambia, forzamos el modelo de negocio y la cultura para ajustarlo al nuevo entorno, produciendo una falta de alineamiento que genera tensión.

Cuadro 2.6. Cambio en el entorno competitivo

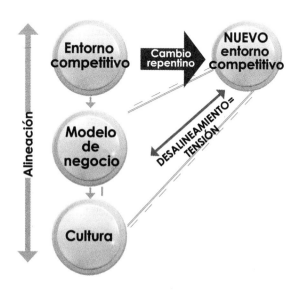

Algunos experimentamos en México el cambio de un modelo de país cerrado al de libre mercado; inmediatamente nos cambió el ambiente competitivo de local a global.

Aún al día de hoy, vemos empresas que quieren seguir compitiendo con el mismo modelo de negocio y cultura con el que operaban antes de la apertura.

Muchas empresas murieron por no ajustar su modelo de organización y cultura a las nuevas condiciones del mercado.

El nuevo ambiente competitivo hoy nos demanda tres cosas:

1. Rapidez y flexibilidad

2. Simplicidad

3. Innovación

Requerimos que el modelo de negocio y la organización respondan a estos retos y que podamos transitar de: organizaciones burocráticas, lentas, inflexibles, costosas, con gente desmotivada y clientes invisibles e insatisfechos a organizaciones rápidas, flexibles, eficientes, centradas en el cliente, con gente motivada, confiable y entrenada.

También requerimos cambiar la cultura por una de cooperación, compromiso, trabajo en equipo e innovación.

En este contexto, el modelo de negocio y la cultura responderán al nuevo ambiente competitivo, generando un alineamiento natural y un mejor desempeño en el nuevo mercado.

Esta teoría y los principios son fáciles de entender, pero muy complicados de implementar porque requieren tiempo, tenacidad, consistencia y un gran liderazgo que logre inspirar y entusiasmar a toda la organización. Quien realiza esta transformación se diferenciará de los demás logrando tener una gran ventaja competitiva que será sostenible en el largo plazo, pues como veremos en los siguientes capítulos, la mayor creación de valor en una empresa está en el modelo de negocio y principalmente en la forma de alinear la organización y la cultura de innovación.

Cuadro 2.7. Realineación del negocio

Si las cosas parecen bajo control, seguramente vas muy lento.

3

Una empresa admirada

Una buena estrategia no es mejorar lo que uno hace,
sino ser diferente en lo que uno hace.

¿La gente está enamorada de la compañía en donde trabaja?, ¿defienden la empresa para la que trabajan de cualquier crítica o ataque?, ¿pareciera que su vida y trabajo son lo mismo?, ¿presumen a sus familiares y amigos del lugar donde trabajan?

Las respuestas afirmativas a estas preguntas sólo se dan en un puñado pequeño de empresas, a pesar de que todos los líderes quisiéramos tener empleados motivados y comprometidos con tal pasión que pudieran decir que ésta es la empresa en donde trabajarían aunque no tuvieran una remuneración económica.

Llegar a ser una empresa admirada es una meta que alcanzan menos de 5% de los empresarios. Tener una empresa que genere riqueza y ser una empresa admirada son dos cosas muy diferentes. Hay empresas rentables por sus ventajas competitivas que en ocasiones pueden ser: monopolios, patentes, carteles, etcétera, pero cuyos empleados y clientes se expresan mal de ellas. Algunos hemos sido víctimas como consumidores del trato de un empresario con una posición monopolística o dominante y hemos observado cómo sus empleados se sienten mal cuando tienen que darnos una respuesta a una petición de servicio. A todos se nos ocurren muchos ejemplos, incluyendo casi todos los monopolios del Estado.

Cuando vemos los reportes financieros de estas empresas, seguramente son excelentes, pero cuando vemos las publicaciones sobre: empresas admiradas, el mejor lugar para trabajar, los mejores líderes, empresas innovadoras, etcétera, nunca aparecen: ni estas empresas, ni sus líderes.

La pregunta sería: ¿para qué ser una empresa admirada?, ¿qué beneficio puedo obtener?

El papel más importante de una empresa es perdurar en el tiempo a pesar de las adversidades del ambiente. Para ello deberá contar con sólidas ventajas competitivas que sean sostenibles en el largo plazo.

Las empresas admiradas generalmente han demostrado perdurar en el tiempo y cuentan con fortalezas que las hacen únicas y diferentes y la gente está dispuesta a pagar un sobreprecio por sus acciones que supera en ocasiones hasta cuatro veces a su más cercano competidor.

Son las empresas que marcan el futuro del mundo. Son las empresas con el propósito superior de dejar una huella. Sus líderes son personas que serán recordadas por haber dejado un legado de bien y prosperidad. Son empresas en donde la gente haría lo imposible por trabajar y en cuyas oficinas y fábricas se trasmite alegría y sentido de pertenencia. Son empresas con valores y que cuidan la forma en cómo obtienen los resultados; que no toleran prácticas de corrupción, daño al medio ambiente o maltrato del personal... la forma es tan importante como el resultado.

Conozco algunos empresarios que no piensan así y cuyo único objetivo es hacer dinero sin importar los métodos para lograrlo, pero afortunadamente también hay muchos empresarios que sueñan con tener empresas que trasciendan y que desearían tener empresas admiradas, aunque reconocen sus deficiencias y la complejidad para lograrlo.

A través de los siguientes capítulos veremos que el proceso es más simple de lo que parece, pero que los componentes clave y que casi siempre fallan en los líderes son la paciencia y la consistencia.

Veremos que es más fácil ser una empresa admirada iniciando desde cero, que transformar algo que ya existe. Mientras más antigua es la compañía, seguramente tendrá más vicios y prácticas del mundo viejo y mayor será la resistencia de la organización al cambio.

Un cambio efectivo y sostenible lleva entre cinco y siete años y aquí es donde cualquier líder se desanima, pues es un tiempo que, en muchos casos, supera el tiempo que desea permanecer en su puesto actual. Alcanzar la paciencia y consistencia es difícil cuando el promedio de estadía de un ejecutivo en un mismo puesto no supera los cinco años.

Vamos a ver que a los líderes que han hecho empresas admiradas les ha llevado más de diez años. Tenemos a Jack Welch, uno de los mejores líderes de los últimos cien años, cuya transformación de General Electric le llevó de 1981 a 2001, ¡veinte años! ¿Cuántos líderes logran estar en su mismo puesto veinte años? «Paciencia y consistencia» fue lo que le permitió a Jack Welch quintuplicar el tamaño de la empresa y convertirla en una de las empresas más admiradas y valiosas del mundo.

Apple, de Steve Jobs, es la empresa más admirada de los últimos tres años. Lo que nadie revisa es que fue nombrado CEO por segunda ocasión el 16 de septiembre de 1997 y que fue hasta 2007 cuando empezó a aparecer como una de las diez empresas más admiradas. Tuvieron que pasar diez años… y mucha paciencia y consistencia.

Una tarea obligada es revisar cuáles son las empresas admiradas y las características comunes en ellas, para posteriormente entrar en los principios básicos para una transformación; al igual que un chef antes de configurar su platillo requiere de ingredientes. En el siguiente capítulo veremos que sin esos ingredientes sería una pérdida de tiempo iniciar el proceso de trasformación para ser una empresa admirada.

1. Seleccionando al líder.

2. El gran cambio. «El único jefe es el cliente». El rol del líder: *coach*.

3. Tener un equipo directivo de alto desempeño.

Jim Collins y Jerry Porras escribieron dos grandes libros sobre las las empresas admiradas y que trascienden: *Built to Last* y *Good to Great*. Entre sus conclusiones más significativas está que las empresas admiradas, y que además han perdurado por más de tres crisis, mantienen intactas dos cosas: su visión y sus valores. Lo demás lo han cambiado en línea con el medio ambiente y la competencia. Disney con su visión de «divertir a la gente» es consistente aun y cuando hoy es una empresa muy diferente de la que inició Walt Disney con un ratoncito. Su portafolio de negocios es muy diferente al de únicamente las películas animadas con las que comenzó. Hoy tienen varios estudios cinematográficos, canales de televisión, parques temáticos, etcétera. Pero la visión de divertir se ha mantenido intacta.

Jim Collins dice que una empresa admirada es como un camión: «debe subirse la gente adecuada, bajarse la gente que no sirve, asignar la gente adecuada en el asiento adecuado y rotar los asientos hasta conseguir el mejor chofer».

Desde 1997 la revista *Fortune* ha publicado un estudio muy profundo sobre las «empresas admiradas» que operan en Estados Unidos. Durante los últimos tres años la empresa número uno ha sido Apple (2008-2010) y los dos años anteriores de (2006-2007) fue General Electric (GE). Apple apareció por primera vez en esta lista en 2007 en el sitio número siete.

Si vemos en detalle la lista de las primeras diez de los últimos cinco años; notaremos una gran consistencia en muchas de ellas y la influencia que han tenido sus líderes en los resultados:

Cuadro 3.1. Empresas admiradas

	2010	2009	2008	2007	2006
1.	Apple	Apple	Apple	General Electric	General Electric
2.	Google	Berkshire Hathaway	Berkshire Hathaway	Starbucks	FedEx
3.	Berkshire Hathaway	Toyota Motor	General Electric	Toyota Motor	Southwest Airlines
4.	Johnson & Johnson	Google	Google	Berkshire Hathaway	Procter & Gamble
5.	Amazon	Johnson & Johnson	Toyota Motor	Southwest Airlines	Starbucks
6.	Procter & Gamble	Procter & Gamble	Starbucks	FedEx	Johnson & Johnson
7.	Toyota Motor	FedEx	FedEx	Apple	Berkshire Hathaway
8.	Goldman Sachs	Southwest Airlines	Procter & Gamble	Google	Dell
9.	Walmart	General Electric	Johnson & Johnson	Johnson & Johnson	Toyota Motor
10.	Coca-Cola	Microsoft	Goldman Sachs	Procter & Gamble	Microsoft

Fuente: Revista *Fortune*

Cuatro empresas han aparecido en esta lista los cinco años seguidos:

1. Berkshire Hathaway del multimillonario Warren Buffet. (números 3, 2, 2, 4 y 6)

2. Toyota (7, 3, 5, 3 y 9)

3. Procter & Gamble (6, 6, 8, 10 y 3)

4. Johnson & Johnson (4, 5, 9, 9 y 6)

Tres empresas han aparecido cuatro años de cinco:

1. Apple (1, 1, 1 y 7)

2. Google (2, 4, 4 y 8)

3. General Electric (9, 3, 1 y 1)

Estas empresas son dominantes en sus categorías, y sus niveles de rentabilidad contra la competencia son superiores. Incluso Toyota genera utilidades superiores a los veinte billones de dólares (EBITDA) mientras algunos de sus competidores están en procesos de bancarrota.

El público inversionista paga un premio especial por todas estas acciones respecto a todas las que existen en el mercado, porque ven un futuro más prometedor además de su consistencia en cultura y resultados.

El líder y su credibilidad tienen una gran influencia en los resultados: desde la salida de Jack Welch de GE la empresa fue perdiendo su posición número uno hasta ya no aparecer en la lista en 2010.

Caso contrario con Steve Jobs de Apple que tardó varios años en transformar la empresa, pero una vez consolidados los resultados no deja de ocupar la posición número uno.

También es notorio cómo empresas con gran éxito y valor de capitalización como son Walmart aparecen sólo una vez, o Microsoft que aparece sólo dos y Exxon ninguna.

Dentro del estudio hay un capítulo especial a la innovación y en este rubro Apple ha sido la número uno por cinco años consecutivos, Google aparece cuatro y Nike dos veces, pero ocupó el sitio número tres en 2010.

Cuadro 3.2. Liderazgo en innovación

	2010	2009	2008	2007	2006
5.	Apple	Apple	Apple	Apple	Apple
4.	Google	Walt Disney	Nike	Google	Google
2.	Nike	Google	Medco Health Solutions	FedEx	United Health Group

Fuente: Revista *Fortune*

Jerry Porras y James Collins en su libro *Built to Last*, escrito en 1994 (hace 16 años), seleccionaron 18 empresas visionarias o ejemplares para analizarlas en detalle y extraer algunas conclusiones.

La primera conclusión es que si hubiéramos invertido un dólar en estas empresas en 1926, en 1990 (tras 64 años) su valor hubiera sido de 6,356 dólares. Si ese mismo dólar lo hubiéramos invertido en el competidor directo de estas empresa tendríamos 995 dólares, mientras que invertido en el mercado de valores tendríamos sólo 414 dólares.

¿Qué pasó en los últimos 16 años con esta lista seleccionada? Solamente tres empresas están en el listado de las empresas más admiradas de la revista *Fortune*:

• Johnson & Johnson

• Procter & Gamble

• Walmart

Las dos primeras fundadas en los años 1886 y 1837 respectivamente, y Walmart, la más reciente de la lista, fundada en 1945.

Cuadro 3.3. Empresas visionarias 1994-2010

Visionarias (1994)	Admiradas (2010)
1. 3M	1. Apple
2. American Express	
3. Boeing	2. Google
4. Citicorp	
5. Ford	3. Berkshire Hathaway
6. General Electric	
7. Hewlett-Packard	4. Johnson & Johnson
8. IBM	
9. Johnson & Johnson	5. Amazon
10. Marriott	
11. Merck	6. Procter & Gamble
12. Motorola	
13. Nordstrom	7. Toyota Motor
14. Philip Morris	
15. Procter & Gamble	8. Goldman Sachs
16. Sony	
17. Walmart	9. Walmart
18. Walt Disney	
	10. Coca-Cola

Cuando analizamos el valor de las acciones totales de las diez empresas más admiradas, nos encontramos que sólo 40% de ese precio se explica por el valor del capital o el valor de los libros de contabilidad. El 60% restante no es tangible y es lo que se denomina valor intelectual. Sus marcas, su capacidad de generar utilidades, su gente, su cultura, su mercado, etcétera.

Este valor intelectual es el premio que la gente está dispuesta a pagar por la empresa a pesar de no tener activos tangibles. Esto equivale a que la gente pague 2.5 veces más de lo que vale nuestro capital invertido (valor en libros) en promedio. Sin embargo, en el caso de Apple lo hace 5.3 veces, como vemos en la lista de las diez empresas más admiradas de mayor a menor valor intelectual.

Cuadro 3.4. Valor de la empresa

Compañía	Valor de la empresa (Billones de dólares)(*)	Valor Libros / Intelectual		Premio (Valor / Capital)
Apple	222	19%	81%	5.3
Google	143	28%	72%	3.6
Johnson & Johnson	157	33%	67%	3.0
Amazon	56	10%	90%	10.0
Procter & Gamble	169	36%	64%	2.8
Toyota Motor	106		108%	0.9
Goldman Sachs	71		100%	1.0
Walmart	186	35%	65%	2.9
Coca-Cola	129	29%	71%	3.5

Nota: * 1º de septiembre de 2010
Fuente: marketwatch.com

Lo primero que empezamos a notar es que las empresas basadas en el conocimiento tienden a tener más valor intelectual mientras que las empresas más tradicionales e intensivas en capital tienen premios por valor intelectual menor e incluso negativos (cuando la gente pague menos del valor del capital por la compañía). Este es el caso de Toyota y Goldman Sachs en donde no hay *premio*, explicado por la crisis tan severa sufrida en la industria automotriz y en el sistema financiero.

El caso más destacado es Amazon que tiene un valor de 56 billones de dólares y su capital contable es de sólo 5.8 billones, es decir, tiene un premio a capital de diez veces con un modelo de negocio basado en Internet y distribución de terceros. Le sigue Apple que, como sabemos, maquila la mayor parte de su producción y tiene un premio de 5.3 veces; Google, de 3.6 veces; Coca-Cola, de 3.5 veces, con un modelo de franquicias que soportan los activos de fabricación y distribución; Johnson & Johnson de 3.0 veces; Walmart, de 2.9 veces, cuyas tiendas son arrendadas en su mayoría, y Procter & Gamble, de 2.8 veces.

¿Qué nos dicen estas cifras? Que las empresas admiradas con mayor valor intangible o premio a capital tienen fuertes ventajas competitivas que generan valor y encuentran los mecanismos para dejar que terceros ejecuten las actividades de menor valor agregado.

La creación del capital intelectual se explica en gran medida por la *calidad de liderazgo*. Por ello, trabajar en una compañía admirada se vuelve muy atractivo para cualquier talento y este círculo virtuoso se repite... la gente buena atrae a más gente buena.

Si hoy nos preguntamos ¿cuál es el activo más importante de Microsoft o de Apple? Posiblemente mencionaríamos sus extraordinarios productos, pero éstos fueron creados por los equipos de dos grandes líderes que hoy representan el mayor de sus activos. Cuando Steve Jobs tuvo que dejar Apple hace un par de años por un cáncer, el valor de la empresa cayó en más de veinte billones de dólares.

Los líderes de estas empresas reconocen las oportunidades en forma diferente. Para ellos la observación y el entendimiento del cliente es su pasión; ven lo que otros no ven; buscan entender a sus clientes más leales a la marca y conservarlos con una innovación continua; pero su verdadera pasión radica en entender a aquellos que no son sus clientes, aquellos que utilizan sus productos de forma ocasional. Es de ellos de quien depende toda la estrategia del negocio y siempre tienen una idea en mente: sorprender a los clientes con productos y servicios que los lleven a adoptarlos con rapidez.

Cuando Steve Jobs retó a su equipo a crear el primer iPod no les dijo que ofrecieran lo que el consumidor quería o mejorar a la competencia. En ese momento existían muchos reproductores de música con capacidad para 200 a 300 canciones, eran dispositivos complejos y que requerían una gran habilidad tecnológica para su manejo, lo que limitaba el mercado a un grupo pequeño de usuarios sofisticados. Jobs les pidió empezar con 2,000 canciones y una restricción fundamental que habría de marcar la gran diferencia: «manipular el dispositivo con una sola mano».

Se dice fácil pero eso implicó un diseño compacto y fácil de usar que sorprendió a los «no usuarios» que rápidamente terminaron adoptándolo y creando una nueva categoría que cada seis meses se está reinventando. Cuando lanzaron el iPod de 2,000 canciones ya estaban listos para lanzar en tres meses el de cuatro mil. Hoy, su tamaño es una cuarta parte de lo que fue en sus inicios y tiene un mayor número de funciones.

Con ventas superiores a los 275 millones de iPods a la fecha, sus ventas acumuladas han sido de aproximadamente 27 billones de dólares sin incluir accesorios y música. Para un líder, estas cifras son, por su magnitud económica y por la participación de mercado alcanzada de más de 90%, para estar sumamente orgulloso y celebrar todos los días.

Sin embargo, estoy seguro que el pensamiento de Steve Jobs es totalmente distinto. Él analizará que hay usuarios que han comprado más de un iPod y que las ventas de 275 millones, aproximadamente representan 100 y 150 millones de usuarios. Se reunirá probablemente con su equipo para hacerles la siguiente reflexión: ¿qué estamos haciendo mal para que sólo entre el dos y el tres% de la población mundial sea usuaria de iPod?

Si recordamos, ésta fue su misma reflexión cuando aún no existía el iPod y la misma sigue aún vigente: la mayor fuente de crecimiento de cualquier empresa son los «no usuarios» y en esa perspectiva el futuro de los productos de Apple es infinito.

Cuando Southwest Airlines apareció por primera vez en 1971 con viajes de treinta dólares de Dallas a Houston y San Antonio nadie lo podía creer; ¿cómo alguien pretendía competir en una industria quebrada con ese nivel de precios? Herb Kelleher, su fundador, vio que la mayor parte de la gente que necesitaba transportarse en tramos cortos no estaba dispuesta a pagar los precios que ofrecían las líneas aéreas y optaba por usar su automóvil. Para una línea tradicional existen dos costos: el del vuelo y el de los servicios de tierra que dependen del tiempo que el avión esté parado entre vuelo y vuelo. Para los tramos cortos esta parte es tan importante que el usuario prefería tomar su automóvil aunque quisiera utilizar avión.

Nuevamente Herb vio a los «no usuarios» y encontró un modelo basado en bajos costos de operación y un tiempo corto de estadía en tierra. Todos los servicios extras se eliminaron y se ofrecieron en forma opcional con costo extra.

Las grandes líneas aéreas no podían creer que ofreciera a treinta dólares lo que ellos hacían por doscientos. Su mayor sorpresa fue ver que con esos precios Southwest generaba utilidades mientras ellos perdían. Hoy Southwest es la línea número uno del mundo en número de pasajeros transportados y maneja más de 3,500 vuelos diarios.

Sam Walton funda Walmart en 1962 con una sola idea: ¿cómo ahorrar el dinero de la gente para que vivan mejor? Una visión muy diferente de cualquier otro empresario. Él se fijó en los hábitos del consumidor y observó que en las pequeñas ciudades de Estados Unidos la gente iba a las grandes ciudades a realizar sus compras a través de tiendas especializadas tales como Sears en electrónicos, ropa en tiendas departamentales tipo JCPenney, comida en diversos supermercados y así sucesivamente. Seguramente se preguntó: ¿cómo puedo hacer para que la gente no tenga que transportarse de una tienda a otra y estar cerca de sus lugares de origen? La respuesta fue un «Walmart Super Center» donde se pudiera encontrar todo lo que las familias de clase media necesitan bajo un mismo techo y en sus lugares de origen para evitar la necesidad de transportarse.

Suena fácil decirlo pero, ¿cuál sería su modelo de negocio si la mayoría de los comercios estaban en problemas financieros y atraer consumidores de clase media requería precios muy competitivos? Encontró la fórmula en dos grandes estrategias: 1) una logística y distribución centralizada que ofreciera al fabricante un solo punto de entrega para consolidar la mercancía y surtir diariamente a todas las tiendas a un costo óptimo y 2) al observar que los comerciantes tenían estructuras de organizaciones caras y burocráticas decidió establecer una nueva cultura donde buscaría quitar o minimizar todos los gastos que el consumidor no estaría dispuesto a pagar.

Fue el propio Sam Walton que con su ejemplo llevó esta cultura hasta el último rincón de la empresa. Él mismo, hasta su muerte en 1992, manejaba su vieja camioneta de velocidades que hoy se encuentra en el museo en las oficinas centrales de Bentonville. Una de las tantas políticas que tenía era un cuidado de todos los gastos y para los viajes la política era quedarse en hoteles modestos.

La mayoría de los empresarios consideran que un hombre con fortuna y posición no tendría que hacerlo. Sin embargo, Sam no tenía esa óptica, pues él creía genuinamente en su modelo de negocio y su visión de: «Precios Bajos... Siempre» estaba basada en un compromiso real de cuidar el dinero del consumidor. Esta ventaja lo llevaría rápidamente a convertir su compañía en líder mundial en el comercio.

Para una empresa que es el empleador más grande del mundo con 2.1 millones de asociados, tener un líder congruente con la política de austeridad, le generó grandes ahorros. Pensemos por un momento si él no hubiera dado ese ejemplo... ¿sería Walmart lo que es hoy?

Él nunca compitió para ser mejor, compitió para ser único, ofreciendo al consumidor de clase media una opción que nadie hasta el día de hoy puede imitar. Sus ventas en el último año alcanzaron los 410 billones de dólares, vista como país sería la economía número 25 del mundo.

En otro ejemplo de empresa admirada se encuentra Disney, fundada por Walt y Roy Disney en 1924 como estudio de dibujos animados. Desde su concepción siempre tuvieron la visión de «hacer feliz a la gente» y fue en 1955 que inauguraron en California el parque Disneyland en una superficie de 65 hectáreas.

Walt se dio cuenta que la gente visitaba Los Ángeles con la idea de visitar su parque, pero, dado que sus vacaciones duraban varios días, los restantes los usaban en visitar otras atracciones desplazándose de un lado a otro. Pudo haber pensado en poner más parques similares en otros lugares, pero su visión se basó en cómo resolver todas las necesidades de vacaciones de la familia en un solo sitio. Algo muy alejado de lo que en ese momento tenía Disney. Orlando fue la respuesta a su visión con la adquisición de 11,000 hectáreas, una tierra 170 veces mayor a Disneyland y en la que podría ubicar toda una ciudad. En 1971 abrió su primer parque al público y de ahí sucesivamente hasta contar el día de hoy con: cuatro parques temáticos (Magic Kingdom, Epcot Center, Disney Studios y Animal Kingdom), dos parques acuáticos, 25 hoteles Disney, diez hoteles de terceros, cinco campos de golf y más de 360 restaurantes para ir a uno diferente todos los días del año. Walt no pudo ver cristalizado su sueño pues murió en 1966, pero su visión de que las familias tuvieran en un solo lugar sus mejores vacaciones es toda una realidad y hoy es el mejor y más visitado parque de diversiones del mundo.

Disney es una empresa con ventas de 36 billones de dólares anuales y sus parques sólo representan 30% de su negocio. La parte más importante son sus canales de televisión con 45%, estudios de cine 17% y el restante 8% en productos de consumo. Pero todos los negocios mantienen algo en común: «Hacer feliz a la gente».

Procter & Gamble ha sido una empresa admirada y que ha sabido reinventarse a pesar de ser muy antigua en sus inicios (1837). Con ventas de 61 billones de dólares y sus tres divisiones de cuidados: belleza, hogar y familia-salud.

Su visión siempre ha sido la de ofrecer productos que mejoren la vida de la gente y esto los ha llevado a innovar y entender a los consumidores como nadie más sabe hacerlo. Es y ha sido la mejor escuela de mercadotecnia por la solidez y consistencia de sus procesos.

George Lafley, su anterior CEO define a la compañía en una sola frase: «Innovación es nuestra sangre... pasar de la invención a una idea que puedas comercializar, eso es innovación». Si no creas un fondo de innovación terminarás por ser un *commodity* en el tiempo.

La gran variedad de productos y tecnologías con que cuentan los ha llevado a experimentar ideas cruzadas entre productos. En los últimos diez años han logrado pasar de una innovación 100% interna a 50% manejado en colaboración externa bajo su modelo de Innovación 360°. Todos sus productos tienen un precio superior contra su competidor, pero los beneficios y la diferenciación que ofrecen justifican ese premio.

Una empresa con más de 137 años de antigüedad que comenzó con velas de cera y una cultura de innovación es una de las empresas más globales e innovadoras de la Tierra.

Entonces ¿qué elementos son importantes para estar en la categoría de empresa admirada?

1. *Ser diferente*. El contar con ventajas competitivas que te separen del promedio. No importa el tamaño de la empresa sino que su servicio y producto sorprendan al cliente y sean diferentes. Muchas veces puedes lograr este atributo pero no alcanzar una buena rentabilidad o ambiente de trabajo. Aquí hay muchos ejemplos de empresas en línea que nos han sorprendido con sus productos pero cuyo modelo de negocio no es sostenible.

2. *Visión y foco*. Todas estas empresas se mantienen fieles a una visión y cuidan no desviarse de ella. Su expansión y crecimiento se da siempre y cuando refuerce su visión, pero nunca inician nuevas aventuras fuera de ésta. Ven al mundo y a sus no-consumidores como la fuente inagotable de crecimiento. Sus líderes son apasionados y enfocados en hacer que las cosas sucedan. Aquellos negocios o actividades que no son parten de la visión, o pueden contratarse por fuera, los eliminan para mantenerse enfocados y porque su pasión es ser los únicos y mejores en su categoría.

3. *Pensamiento global.* No importa si son pequeños o grandes negocios, siempre están viendo al mundo como fuente de inspiración e ideas y al mismo tiempo como amenazas reales a su mercado. Ser global es pensar en expansión fuera de la geografía en donde operas. Si estás en una pequeña ciudad el salir a una grande, si estás en una región ser nacional y si eres nacional intentar algún nuevo país. Buscar solamente cuidar tu porción de mercado es un riesgo, pues tendrás muchas amenazas y no te permitirá demostrar tus habilidades en otros mercados. El pensamiento global ayuda a compararte con las mejores prácticas mundiales y tener esas referencias como metas de corto plazo en la empresa. El pensamiento global es una actitud que te ayuda a ser mejor y único.

4. *Innovación.* Innovar o morir es una frase que escuchamos muy seguido. La innovación está reconocida como el factor más importante del mundo moderno. Innovación significa diseñar el futuro y estar en cambio constante. El mayor reto de la competitividad es ofrecer a clientes y consumidores productos o procesos de negocio diferenciados e innovadores y que tengan un valor para ellos. Los cambios en tecnologías alteran el mundo de los negocios y sólo sobrevivirán las empresas que estén en una perpetua transición y velocidad de cambio tecnológico y humano.

5. *Enfocadas al futuro.* Estas empresas siempre están evaluando escenarios posibles y estudiando, antes que nadie, los impactos y las oportunidades de cambios tecnológicos, tendencias y hábitos del cliente. Son los primeros que ven el futuro y se aprovechan para trasladarlo en nuevos productos y servicios. Su radar de lo que sucede en el mercado es muy sensible y tienen una capacidad de cambio rápida. Esta habilidad la poseen pocas empresas líderes; el caso más representativo fue la industria automotriz americana que nunca quiso reconocer la amenaza que representaban las empresas japonesas, que paulatinamente fueron mejorando sus productos hasta marcar las tendencias.

6. *Retención y atracción de talento.* El elemento que hace la diferencia en las organizaciones es el talento y las empresas admiradas están obsesionadas con atraer, pero principalmente retener, a su talento. Establecen procesos internos y estructuras que hacen muy atractivo el trabajo y por lo tanto se quedan con el mejor talento. Su cultura busca personas con gran curiosidad intelectual; flexibles y abiertas al cambio; con alta autoestima; orientadas a resultados y revolucionarias. Sus sistemas de compensación e incentivos son innovadores y utilizan la tecnología como herramienta para lograr mejor calidad de vida, estableciendo horarios flexibles y trabajo desde casa cuando sea posible.

7. *Cuidado del ambiente y responsabilidad social.* En un mundo global de excesos, carencias y desperdicios, estas empresas son socialmente responsables de su comunidad y del medio ambiente en donde operan. Los clientes y empleados sienten una mayor lealtad hacia estas empresas pues reflejan a través de sus acciones una señal de buena administración. Son empresas que buscan un equilibrio entre la obtención de ganancias, la conservación del ambiente y ser un buen empleador. Generalmente, este buen balance genera un círculo virtuoso de mayores utilidades.

Un buen ejercicio para nuestras empresas sería el calificar estas siete características del uno al diez, donde diez represente la mejor empresa que conocemos y el uno la peor.

Al mismo tiempo evaluar la calificación que nos gustaría tener (deseada) tomando en consideración que hay algunas características que pueden tener un mayor impacto que otras en nuestros negocios y entonces obtener la brecha de oportunidad: establecer la distancia que hay entre donde estamos y el dónde queremos estar.

Este procedimiento nos ayudaría a detectar las áreas donde es mayor la brecha entre lo que somos y lo que deseamos.

Cuadro 3.5. Evaluación para empresas admiradas

Característica	CALIFICACIÓN		
	ACTUAL	DESEADA	BRECHA
1. Ser diferente			
2. Visión y foco			
3. Pensamiento global			
4. Innovación			
5. Enfocada al futuro			
6. Retención y atracción de talento			
7. Cuidado del ambiente y responsabilidad social			

Una reflexión final que nos ayudaría a mejorar sería preguntarnos: ¿si tuviera que cerrar una de esas brechas, cuál escogería por ser la que da un mayor impacto al negocio y su implementación es la menos complicada?

Una transformación implica ver el todo pero siempre es importante entender que todo proceso de cambio se da paso por paso y que la responsabilidad del líder es ir definiendo el camino y mostrar el lugar al que se quiere llegar.

Curiosamente las empresas admiradas no son las que mejores sueldos tienen. En los estudios realizados por la empresa de consultoría Hay Group se encontró que los salarios son 5% menores en promedio a sus homólogos, lo que parecería contradictorio. Tal vez paguen menos por sus programas de desarrollo de talento y porque la contratación casi siempre la hacen de manera interna.

Las empresas se enfrentan a una era de transparencia en donde no hay consumidores mal informados y todos han encontrado caminos diferentes para tomar sus decisiones de compra. Un estudio indica que 83% confían en las recomendaciones de sus amigos, 50% en las de un extraño por Internet y sólo 14% en la publicidad.

En este ambiente, difícilmente vamos a tener éxito con una estrategia que sea «más de lo mismo». Es vital desarrollar la capacidad de concebir de otra manera los negocios existentes a fin de crear nuevo valor para los clientes, sorprender a la competencia y generar nueva riqueza para los inversionistas.

Una empresa que no sea lo suficientemente innovadora desaparecerá del mercado de una u otra forma, sólo será cuestión de tiempo. Peter Drucker decía: «De todos los emprendedores con éxito que he conocido, lo que tienen en común no es un determinado tipo de personalidad sino un compromiso con una práctica sistemática de innovación».

El futuro es incierto y difícil de predecir, pero la decisión de cómo competir es solamente nuestra. Competir por el presente o competir por el futuro: *Performance Gap vs. Opportunity Gap.*

No hay que innovar para competir,
hay que innovar para cambiar las reglas del juego.

4

Principios básicos para una transformación

No son las especies más fuertes las que sobreviven ni las más inteligentes, sino aquellas que se adaptan al cambio.
CHARLES DARWIN

Como toda receta los ingredientes son una parte fundamental. Sin ellos no tendría sentido cocinar o dedicar tiempo al proceso. Tanto los ingredientes como la calidad de los mismos juegan un papel fundamental en los resultados finales.

Estas premisas, tan fáciles de entender en el mundo de la cocina, se nos olvidan con facilidad dentro de las empresas. Dedicamos mucho tiempo a establecer la visión, las estrategias, planes de trabajo, métricas, etcétera, y poco dedicamos a revisar los elementos básicos para una exitosa implementación.

Podemos tener el mejor plan estratégico y dejarlo olvidado en el asiento de un avión y no le serviría de nada a quien lo encontrara. Esas recetas o planes requieren ingredientes clave y sin ellos la competencia no podría hacer nada.

Estos principios básicos para una transformación tienen que ver con temas de liderazgo porque sin ellos, difícilmente se lograrán los resultados. Dicho de otra forma, no vale la pena invertir en un gran proyecto si no se tiene al líder adecuado.

Recuerdo que siempre que recibía alguna propuesta innovadora y atractiva me preguntaba si el líder que la presentaba tendría la capacidad de generar el cambio y manejar la resistencia natural hacia cualquier proyecto nuevo. Intentaba no mostrar mi entusiasmo para cuestionarlo como lo harían los más reacios a las nuevas ideas.

Me sorprendía que a las buenas ideas les faltaran líderes apasionados que vendieran sus proyectos con argumentos cautivadores. Apoyar buenos proyectos con recursos y tiempo en manos de líderes malos es una pérdida de tiempo y energía. Lo sabemos, pero continuamente es lo que estamos haciendo.

En el capítulo anterior vimos el valor de un líder y lo que éste puede hacer para crear valor en una empresa. Vivimos en un mundo que requiere que cada uno de nosotros nos veamos como creadores de valor en forma continua.

La obsolescencia del conocimiento se da rápidamente. En la actualidad muchas carreras profesionales pierden vigencia en un par de años, o dicho de otra forma, los títulos profesionales deberían tener fecha de caducidad. Vemos en el mercado profesionistas muy jóvenes aún pero con una obsolescencia que difícilmente les permitirá incorporarse a la fuerza de trabajo. Hay jóvenes con nuevas habilidades y actitudes que están dispuestos a contratarse por un tercio del salario de un ejecutivo con años de experiencia y este círculo está produciendo una gran brecha de competitividad en las empresas.

Cada individuo debería pensar en sí mismo como una empresa en donde tiene que estar continuamente creando valor para estar vigente o le sucederá lo mismo que a las empresas: innovar-transformar o morir.

Muchas empresas no se dan cuenta que uno de sus mayores riesgos está en perder la flexibilidad de reinventarse todos los días a través de su gente. Si no cuantificamos el valor que genera cada individuo, su evaluación de desempeño y sus recompensas se darán por factores subjetivos.

Hay gente que da mucho valor y hay muchos otros que restan en lugar de sumar y los cuales deberían estar fuera de la organización; pero no lo sabemos porque no lo medimos. Somos testigos de mucha gente que busca atender y retener a los clientes, pero también de que algunos dentro de la empresa, y en forma inconsciente, hacen todo lo contrario. Esos líderes provocan la pérdida del activo más valioso de una empresa sus clientes y mientras no los identifiquemos serán un cáncer que se irá expandiendo.

Déjenme darles uno de miles de ejemplos que vemos diariamente. Hace años me enfrenté al mostrador de una línea aérea de la cual era cliente frecuente pues viajaba más de una vez por semana. Al llegar mi turno me indicaron que traía un kilo de exceso de equipaje y que tendría que pagarlo o no podría viajar.

Ante el tiempo limitado con el que contaba en ese momento pedí un trato especial y el supervisor apenado me mostró un documento de la empresa firmado por el director de finanzas que decía: «…quien no ejecute esta política será cesado de inmediato». Cuando fui a pagar a otra fila lejana por el kilo de equipaje adicional había unas diez personas más. Al llegar mi turno quien me atendió me dijo que ellos nunca supieron de esta carta para haberse preparado con más personal y agilizar el cobro y que cuando solicitaron el apoyo de más personal no se los dieron porque su director que no es el de finanzas tenía un programa de austeridad. En resumen, perdí el avión y la línea aérea perdió a uno de sus mejores clientes pues decidí no volver a volar con ellos. Lo que más me llamó la atención es que el director de finanzas fue promovido meses después.

En esta empresa sabían lo que se genera por cobro de exceso de equipaje, pero no tenían ni idea del costo por pérdidas de clientes y lealtad a su marca. Estoy seguro que éste fue superior al de la contribución de este director de finanzas, además de la creación de una cultura negativa de miedo a perder el trabajo.

Él no debería seguir en la empresa, pero basado en sus métricas fue promovido. Las empresas tienen más gente como él de la que piensan. Yo los llamo «los colados» porque logran sobrevivir mucho tiempo y generalmente son promovidos a pesar del gran daño que hacen. Podemos clasificar a la gente en aquellos que agregan valor, los que restan, los que dividen y los que multiplican. Entre más grande es una organización más grande es el efecto de lo que estas personas logran en nuestras empresas.

Si la organización es pequeña y la persona resta o divide, su efecto se nota, pero cuando es grande los que restan y dividen no se notan, pues en las grandes se disimulan o se pierden entre los demás.

Si una empresa no crea valor muere y si la empresa es su gente, debíamos hacer lo mismo. Si alguien no da valor no debería pertenecer a la empresa. Así de fácil. Si cada uno nos viéramos como empresa, deberíamos hacer una evaluación periódica para entender si vamos avanzando o retrocediendo en nuestra creación de valor.

Califiquemos del uno al diez la creación de valor individual para los siguientes conceptos y como empresarios ayudemos a que nuestro personal lo pueda hacer, pues de ello dependerá su permanencia en el largo plazo.

1. Aprendizaje continuo. Es una obligación personal dedicar un tiempo a adquirir nuevas habilidades que compensen la obsolescencia del conocimiento.

2. Desarrollo de gente y ser un buen *coach* o consejero. Si el liderazgo es el recurso más limitado ¿qué estamos haciendo por formarlo?

3. Trabajo en equipo y siempre estar para apoyar y dar servicio.

4. Capacidad de adaptación al mundo cambiante. Estar abierto a nuevas ideas y ser promotor activo del cambio (o soy de los que ponen resistencia o resta).

5. Búsqueda constante de nuevas asignaciones y proyectos que mejorarán mis habilidades.

6. Soy el mejor promotor de lo que soy y el valor que puedo generar o estoy esperando a que los demás lo adivinen.

7. Tengo cuantificado lo que genero de valor. ¿Me parece razonable o es mucho mayor a lo que doy?

A mucha gente que ha perdido sus trabajos le hago esta reflexión y cuando ven los resultados me dicen: ¿por qué la empresa tardó tanto tiempo en quitarme?

Cuadro 4.1. Yo como creador de valor

La evolución del mundo nos presentará muchas oportunidades, pero al mismo tiempo amenazas. Vivimos en un mundo en donde el cambio y la velocidad requieren de talento flexible; un mundo globalizado y desigual en oportunidades para la gente; un mundo que no cuenta con los recursos naturales si todos consumieran a los estándares del primer mundo; un mundo contaminado con efectos irreversibles; un mundo donde la gente quiere paz y huye de la violencia y un mundo que demanda líderes con una responsabilidad social para llevar a cabo los procesos de transformación en sus empresas, ciudades y países.

No hay duda de que existe una escasez de líderes que sean agentes de cambio. Hagamos esta reflexión: si hipotéticamente fuéramos dueños del país donde habitamos, nombremos cinco personas a las que les asignaríamos la presidencia y que creamos que harían un gran papel. Les aseguro que difícilmente los encontrarán. Supongamos que recibimos de herencia una de las cien empresas más importantes de nuestro país y hagámonos la misma pregunta: ¿a quién pondríamos al frente?

¿Por qué esta dificultad? El ser humano por diseño es un animal de hábitos, una vez que los adopta es muy difícil cambiarlos. Seguimos haciendo lo mismo que aprendimos a pesar de que muchas fórmulas no funcionen.

Nos aterra el cambio porque nos genera un estrés que amenaza nuestra salud. «Cambiamos sólo cuando el dolor es tal que el cambio es inevitable». Esta premisa es válida para la vida del individuo, para la empresa y para los países. Pero el hombre tiene un elemento que lo distingue del resto del mundo animal y es la voluntad para romper esos hábitos y costumbres.

El hombre es el centro de toda actividad empresarial y los tres principios básicos para iniciar una transformación tienen que ver con revisar si los ingredientes con que haremos la receta son los adecuados:

1. Seleccionando al líder.

2. El gran cambio. «El único jefe es el cliente». El rol del líder: *coach*.

3. Tener un equipo directivo de alto desempeño.

1. Seleccionando al líder

La tarea más importante y a la vez más dura es la de encontrar, reclutar y entrenar líderes.

Para seleccionar a un líder lo primero que debemos hacer es la tarea de escribir el perfil que deseamos y claridad en lo que esperamos del negocio bajo el mando de ese nuevo líder. Esto aplica para cualquier posición en una empresa, pero es aún más relevante para la del líder.

Si esta tarea no la hacemos o la hacemos mal, tendrá grandes repercusiones. Un error de contratación además de confundir a la organización, atrasa el proceso de cambio en el mejor de los casos unos tres años. Uno o dos años para probar y uno o dos años para volver a tomar rumbo.

Pensar en el puesto y no en la persona adecuada es un error que cometemos con frecuencia. Encontrar líderes es difícil porque ellos nunca están buscando trabajo, a ellos les sobra y es el trabajo que los busca a ellos.

La cultura de muchas organizaciones no atrae líderes pues su enfoque es hacia mantener la estabilidad. Los líderes quieren acción, no estabilidad. Los líderes buscan flexibilidad, innovación y retan al sistema; muchas veces hasta son catalogados como rebeldes, pero tenerlos es de gran ayuda.

Cuando vemos una compañía admirada quisiéramos convertir la nuestra en una, pero en realidad no estamos dispuestos a desmantelar lo que hoy tenemos para llevarla del punto A al B. Transformar una empresa implica cuestionar muchos de los procesos y generalmente tiene impacto en los cuadros directivos pues no están preparados ni tienen actitud de apoyo a los esfuerzos de cambio.

Recuerdo cuando en 1996 llegué a Monterrey como líder de Gamesa. Iniciamos un proceso de transformación a partir de una visión que implicaba deshacernos de muchos negocios de integración vertical que distraían recursos y tiempo para dirigirnos a donde en realidad estaban nuestras oportunidades y ventajas competitivas. El resultado fue una empresa más simple y con 40% menos empleados y gracias a ello logramos crecer en forma acelerada, tanto en ventas como en ganancias. Sin embargo, retirar a más de 4,000 personas no fue tarea fácil, una decisión de tal magnitud siempre conlleva riesgos.

No hay transformación sin dolor y hago énfasis en esta palabra pues generalmente se nos olvida. Ir ajustando la empresa a las condiciones del mercado implica corregir brechas que se han dejado abandonadas por mucho tiempo y que implican actuar con mucha velocidad. Siempre habrá gente que no cree y no quiere ser parte del cambio y que debemos retirar con oportunidad y gratitud.

Romper paradigmas implica ver con otra óptica las cosas… competir para ser mejor es totalmente diferente a competir para ser único.

En todo proceso de cambio el líder es aquel que te lleva a donde los demás no se atreverían a ir solos. Un líder tiene que inspirar y entender que en toda organización hay tres tipos de personas: 1) una minoría de10 a 20% que apoya abiertamente el cambio y que serán los principales soportes del proceso; 2) otra minoría de igual magnitud a la anterior que no apoyan el cambio y que generalmente no se expresan públicamente. El daño que causan es mayúsculo pues restan mucho valor y confunden la dirección y 3) la gran mayoría que están esperando a ver cuál de estos dos equipos será el vencedor para entonces unirse a él.

Cuadro 4.2. Tipos de personas

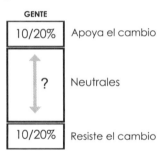

Un líder tiene que apoyarse en sus agentes de cambio para tratar de convencer lo más rápido posible a los enemigos del cambio y si no llegara a lograrlo en un tiempo corto, debe prescindir de ellos lo más pronto posible. Hay tantas oportunidades en una transformación que el tiempo perdido vale oro y aquellos que no quieran ser parte del sueño no deberían pertenecer a él, el problema es que casi nunca lo expresan abiertamente.

Hagamos una reflexión sobre una experiencia por la cual casi todas las empresas han pasado. Cuando hay un ajuste importante de personal (que no sea de las líneas de producción) nunca me ha tocado que la empresa sufra o deje de atender a sus clientes, generalmente las cosas están mejor.

Preguntémonos entonces: ¿qué hacía ese 10, 15 o 20% de gente que recortamos y que ahora pareciera no necesitábamos? ¿Habrá otro tanto igual o mayor que se quedó?

¿Qué necesita un líder para competir en el mundo? Saber lidiar exitosamente en el mundo VUCA, por sus siglas en inglés. Estas cuatro letras se acuñaron a finales de los noventa para definir el mundo volátil, incierto, complejo y ambiguo en el que vivimos y sus implicaciones en las estrategias y el tipo de liderazgo.

- *Volatility* (Volatilidad)

- *Uncertainty* (Incertidumbre)

- *Complexity* (Complejidad)

- *Ambiguity* (Ambigüedad)

Antes de contratar un líder, toda empresa debería establecer las cinco o siete competencias requeridas para implementar con éxito la estrategia. Algunas empresas evalúan a sus ejecutivos estrella para definir qué competencias los hacen exitosos y con esto establecer el perfil que buscarán contratar y desarrollar.

Hay muchos libros de liderazgo que han analizado los perfiles y competencias requeridos para diferentes industrias y etapas de evolución de una empresa. Al final lo importante es tener definidas las competencias que se buscarán reclutar y tener un sistema de evaluación con sus programas de apoyo para el desarrollo de las mismas.

Con base en mi experiencia, he seleccionado siete competencias con las que trabajábamos y evaluábamos a los cuadros directivos. Cada empresa podrá definir las suyas, pero mientras lo hace, creo que éstas representan un excelente comienzo.

Cada año preparábamos un plan de desarrollo para cada persona utilizando su evaluación de competencias y la retroalimentación del estudio 360° que evalúa de forma anónima la opinión de sus subordinados, compañeros de trabajo y jefe inmediato. Este último estudio se recomienda cada dos años, dado que anualmente no hay cambios significativos en conductas.

Revisemos estas competencias y una recomendación práctica para evaluar a los líderes. Para alguien que está comenzando su vida profesional o es empresario independiente, éstas le ayudarán a evaluarse y a establecer un plan de acción para mejorar algunas bajas calificaciones.

Nunca he visto un ejecutivo con altas calificaciones en las siete competencias. Es por ello que cuando tenemos que contratar un líder debemos pensar en las competencias que requiere el puesto y cuáles ayudan a complementar las debilidades del equipo directivo.

Si no tenemos un modelo de competencias en el momento de contratar, el riesgo es contratar por mimetismo a gente muy parecida a nosotros. Cuántas veces preguntamos a un directivo sobre los resultados de una entrevista y nos indica: «Muy bien, hicimos química, somos muy parecidos, tenemos muchos casos en común». ¡Cuidado!, porque generar cambios y realizar una transformación sin una cultura diversa e incluyente es muy difícil. Este es otro de los ingredientes esenciales para ser una empresa admirada.

Las siguientes competencias nos muestran las características que debemos observar en nuestros líderes. En las entrevistas de contratación, debemos estar seguros de que tenemos elementos suficientes para evaluar estas siete competencias.

1. *Pensamiento estratégico.* La habilidad de pensar y actuar en forma estratégica, viendo al futuro y traducir la estrategia en planes de acción.

   Hay mucha gente que usa su tiempo para revisar el pasado, lo cual se ve en el tiempo dedicado a juntas de trabajo. Hay otros que están tan preocupados por el futuro que sólo ven el pasado para tomar aprendizaje y pasan de inmediato a discutir acciones y planes a futuro. Bill Gates siempre decía que su empresa corría el riesgo de desaparecer en dos años y este pensamiento lo llevaba a concentrar su tiempo en discutir el futuro y no obsesionarse con el pasado. Una empresa tan valiosa como Microsoft, cuyos ingresos dependen en gran parte de licencias de Windows y Office, podría morir si no ofrece nada nuevo al siguiente año... el enfoque a futuro es la clave.

2. *Excelente ejecución.* La habilidad de hacer que las cosas sucedan en calidad y tiempo como fueron planeadas, sentido de urgencia, disciplina, balance del tiempo entre corto y largo plazo, enfrentar la realidad y hacer ajustes, etcétera.

3. *Experiencia.* Entender cómo funcionan múltiples procesos del mundo de negocios ayuda a acortar el camino y a minimizar tropiezos. Posiblemente ésta es de las pocas competencias que se pueden ver en un currículum en detalle.

4. *Un líder que inspira.* Un líder motiva y crea una atmósfera que invita a la gente a querer ser parte del equipo y establece altas expectativas con una visión simple de entender que inspira a seguirla. Un líder dirige tanto con la cabeza como con el corazón y crea genuinas relaciones basadas en confianza y apertura.

5. *Autoconfianza y sensibilidad a la cultura.* Se conoce a sí mismo y es sensible a distintas culturas y personas. Son personas que conocen el impacto que tiene su estilo, sus valores y sus conductas sobre otros. Saben pedir consejo, tienen curiosidad intelectual, tienen buen instinto, poseen habilidad de trabajar en culturas diferentes y preservan los valores y la dignidad de las personas.

6. *Desarrollan talento.* Dan retroalimentación constructiva y accionable, además de ayudar a la gente con nuevos retos y experiencias. Dedican tiempo a las personas y funcionan como *coaches*. Se atreven a tomar decisiones difíciles. Identifican el potencial y trabajan por desarrollar el talento. Siempre tienen dos o tres reemplazos para ellos y eso mismo esperan de toda la organización.

7. *Carácter.* Tienen el carácter para manejar la presión del trabajo y lograr que la gente los respete y admire. Tienen una fortaleza emocional que les permite enfrentar la adversidad con realidad y optimismo hacia el futuro. Tienen pasión, coraje, humildad, sentido del humor y viven los valores de integridad, confianza y apertura. Confrontan temas difíciles en una forma honesta y actúan con congruencia entre lo que dicen y lo que hacen.

Si estas competencias o cualquier otra que definamos no están claras y se evalúan, difícilmente podremos llegar a ser una empresa admirada. Cuando le pregunto a muchos empresarios sobre estas siete competencias y les pido reflexionar si es lo que ellos quisieran de un líder, generalmente la respuesta es un sí contundente. Posteriormente les pido evaluar a su equipo del uno al diez en ellas y al final discutimos los resultados. Para mi sorpresa, siempre hay más reprobados que sobresalientes, pero al preguntarles qué están haciendo para mejorarlas hay muy pocas respuestas.

Este capítulo trata de los tres requisitos para iniciar el proceso de transformación de un negocio para ser una empresa admirada.

Si no estamos dispuestos a establecer un modelo de competencias y tener al líder y su equipo de primer nivel adecuado no estamos en la dirección correcta.

Al final del libro encontrarás una serie de formatos prácticos, para evaluar estas siete competencias. Describo en el Anexo 1 las conductas que nos permiten decidir en una escala del uno al tres dónde se encuentra cada líder (1: muy débil, 2: puede desarrollarse y 3: fortaleza).

En el Anexo 2 presento una tabla que ayuda a visualizar a los líderes y sus siete competencias. Al llenar esta matriz podemos poner color verde al número 3, amarillo al número 2 y rojo al número 1. Así, en forma visual, veremos de inmediato en dónde está la fortaleza de la empresa y en dónde debemos enfocarnos para desarrollar a nuestros líderes. Al final de cada persona podemos sumar las calificaciones y ver quiénes son nuestros mejores líderes y en dónde tenemos problemas que requieren de una acción inmediata por nuestra parte.

2. El gran cambio. «El único jefe es el cliente». El rol del líder: *coach*

Durante miles de años los seres humanos hemos rendido culto a quienes ostentan el poder. Muchos de los puestos de poder son heredados o asignados por el líder que se retira; esto sucede también en muchos sistemas de gobierno como: monarquía, feudalismo, comunismo y también en las empresas familiares y públicas.

El líder elige, premia, promueve y destituye a su equipo, lo cual nos lleva a una conclusión: todos estamos al servicio de este líder y en segundo lugar al servicio del cliente, ya sea ciudadano o consumidor.

Esta sensación de poder proporciona un gran placer a los líderes (tanto en empresas como en gobierno) y se transmite a todos los niveles de la organización. Basta con ver cómo es el trato proporcionado por los empleados de oficinas de gobierno a los ciudadanos. Esta conducta no es más que la imitación de sus superiores.

En las empresas decimos que el cliente es primero, pero les propongo que hagan el siguiente experimento. ¿Cómo reaccionaría un empleado que se encuentra atendiendo a un cliente y en ese momento le dicen que le llama el presidente de la empresa?, ¿se atrevería a decir que no lo puede atender porque está con un cliente o ayudando a un subordinado?

Esta pregunta la he hecho al segundo nivel de una empresa y en casi todos los casos, me indican que dejarían todo por tomar la llamada del presidente, no importa con quien estén. Inclusive me aseguran que no tomar la llamada en ese momento generaría molestia.

Otro experimento que pueden hacer es llamar a cualquier departamento que no sea de ventas y hacerse pasar por un cliente que quiere servicio. Háganlo al director general y se sorprenderán de las respuestas. Yo lo he hecho muchas veces y he recibido contestaciones como las siguientes: «Está usted hablando a la dirección general». Y yo pienso: «Excelente, pues usted es quien mejor me puede ayudar». Y entonces la conversación sigue: «Por favor hable a ventas». –«¿Podría transferirme a ventas?». –«No tengo la extensión, hable nuevamente al conmutador». Con base en estas respuestas y conductas sabremos si la empresa está verdaderamente orientada al cliente.

Esta forma de liderazgo funciona cuando no enfrentamos competencia en el mercado o tenemos una gran ventaja competitiva como monopolios, carteles, patentes etcétera.

Tratemos como clientes de hacer un reclamo a un monopolio empresarial o de gobierno. Las reglas ellos las ponen y ninguna queja procede pues ellos saben que sus clientes no tienen otra opción: inventan tarifas, cargos, de todo… y muy poco es lo que se puede hacer.

Recuerdo que durante nuestro viaje al Mundial de Sudáfrica mi esposa dejó su teléfono celular prendido en la habitación del hotel pero sin usarlo durante un par de días. Al llegar a México nos encontramos un cargo de 600 dólares y la respuesta fue que como el teléfono tenía

Internet automático el cargo era correcto... así de simple. Esta compañía decidió que había conexión automática y efectuar un cargo excesivo; no estaban violando ninguna de sus reglas, así sólo se encargan de no ser claros y que los clientes no nos enteremos. Intenten hacer un reclamo a la Comisión Federal de Electricidad; es casi imposible pues como consumidores no tenemos otra alternativa para sustituirlos.

Afortunadamente el mundo se ha globalizado e Internet ha permitido que el consumidor tome más fuerza y sea quien decida si es leal a un producto y/o servicio. Este nuevo poder amenaza a todas las empresas y aquella que no logre ajustarse a este cambio de paradigma tarde o temprano morirá; es sólo cuestión de tiempo.

Los paradigmas son las razones que hacen que la gente se resista al cambio y a las nuevas ideas. Son reglas que establecen límites y nos hacen sentir confortables; cualquier idea que rebasa estos límites la ignoramos y rechazamos.

En 1930 nace la fotografía electrostática, invento que rechazó Kodak por no tener la calidad de imagen que su paradigma les indicaba. Lo que no esperaban era que fuera el principio de la fotocopiadora.

En 1968 los relojes suizos de maquinaria dominaban el mercado. Un suizo inventó el reloj de cuarzo, pero como no era lo que ellos creían debía tener un reloj lo rechazaron. Esta idea fue aprovechada por una empresa japonesa –Seiko– y la historia cambió para siempre.

En 1960 «hecho en Japón» significaba imitación, mala calidad y barato. Los americanos no los vieron como competencia y el paradigma se transformó a: innovación, excelente calidad y caro.

No romper paradigmas y rechazar los cambios en el entorno es una garantía de fracaso. No podremos ser una empresa admirada si el líder no rompe el siguiente paradigma con todas sus implicaciones: «El cliente es el único y verdadero jefe». Se dice fácil, pero hacer que esta premisa suceda implica un gran cambio al interior de la empresa.

Sam Walton logró en muy poco tiempo ser líder en el comercio porque tuvo una sola idea: ¿cómo ahorrar dinero a la gente para que viva mejor? Ningún comerciante se atrevió a cambiar las fuerzas de poder del jefe hacia el consumidor; Walmart lo hizo y ahí está el resultado.

Recuerdo una de mis asignaciones al frente de una empresa muy tradicional y jerárquica, teníamos serios problemas y las ventas estaban declinando por muchas razones, pero principalmente que los precios no reflejaban lo que el consumidor estaba dispuesto a pagar. A pesar de ello, el director de finanzas nos indicó que teníamos que volver a subir precios. La gente que me reportaba, todos con muchos años de experiencia en la compañía, me pedía instrucciones, a pesar de que yo llevaba ahí tan sólo un par de semanas.

En una ocasión, al salir a comer, me encontré en un semáforo a una señora muy pobre pidiendo limosna y a su hijo de ocho años comiendo un producto de nuestra empresa. Me quedé pensando en esa propuesta de seguir subiendo precios a la gente que representaba la mayoría de consumidores de nuestros productos.

Recuerdo que di a la señora el equivalente de un billete de veinte dólares y le pedí que por favor no se fuera, pues quería filmarlos por la tarde. Seguro no entendió qué pasaba, pero en la tarde grabé un mensaje para los 14,000 empleados de la empresa, donde presentaba quién era, mis valores y mis creencias. Les expliqué el momento difícil que estábamos viviendo y les dije el siguiente mensaje que habría de romper el paradigma del que estamos hablando.

...ustedes pensarán que yo soy el jefe de esta empresa, pero quiero decirles que a partir de hoy el único jefe se llama Juanito y es este niño, su mamá y los millones de personas que como él son nuestra única razón de ser. Les mostré que su mamá era una gran consumidora: más de cuatro productos nuestros por semana y les enseñé la casa de techo de lámina en donde vivía. Enseguida les dije ¿ustedes creen que la mamá de Juanito puede pagar aumentos de precios? Les mostré mis oficinas enormes y elegantes y les dije ¿ustedes creen que pueden y deben pagar estas oficinas y mi gran sala de juntas que no usaré porque estaré en las calles y las fábricas con ustedes? Los llevé a las fábricas y les dije ¿ustedes creen que todos estos desperdicios de materiales los puede pagar la mamá de Juanito?

A partir de ese momento se gestó un gran cambio en la organización y la gente encontró formas de ahorrar para evitar el aumento de precios. A pesar del gran recorte de personal que tuvimos que hacer, los empleados entendieron que la decisión era para preservar y cuidar nuestro activo más importante: los consumidores.

Decir que «el único jefe es el cliente» es un buen eslogan pero implica cambios profundos. En primer lugar tendremos que invertir la pirámide de la organización y ahora los «jefes» pasarán a la parte baja de la organización y por lo tanto serán los que tendrán que servir al personal de línea y ellos a su vez al consumidor.

Desde la infancia aprendimos que los que ostentan el poder económico son los que tienen servidumbre a su servicio. Al llegar a la empresa esperamos lo mismo y ahora nos dicen que somos nosotros los que vamos a dar servicio a la línea, ¡que ellos nos evaluarán! y que ahora seremos entrenadores o *coaches*. Parece una locura, pero créanme, romper este paradigma crea una gran ventaja competitiva porque no muchos se atreven a ello.

Una empresa tradicional tiene muy claro los centros de poder en la cúspide, la gerencia está muy alejada de la línea y de los clientes, hay una baja satisfacción en el trabajo, la organización es lenta y muy costosa y los consumidores están insatisfechos.

¿Por qué es tan difícil cambiar a ser una empresa enfocada al cliente?

Primero porque hay que ceder el poder y esto implica una nueva forma de pensar. El tiempo de líder cambia de dar órdenes a ser un entrenador. El enfoque de la empresa cambia hacia el exterior y ello implica que los indicadores y las métricas de desempeño más importantes serán las del cliente y no las financieras. Cuando menciono esto, de inmediato recibo comentarios como: «Ahí no estoy de acuerdo, la empresa es para ganar dinero».

Nadie está en desacuerdo, pero la pregunta es ¿cómo hacerlo siendo congruente con la premisa de que el único y verdadero jefe es el cliente?

La «pirámide del bienestar» es un concepto muy poderoso y que ayuda a la empresa a enfocarse para no perder el mensaje fundamental.

Cuadro 4.3. Pirámide del bienestar

Si queremos ser una empresa admirada esta pirámide debemos clavarla en su base para que no se mueva y siempre aparezca en la cúspide el consumidor-cliente. Si la empresa se enfoca a cautivar, sorprender y atraer clientes tendremos buenos rendimientos para el accionista y buenas compensaciones económicas para los empleados.

Lo que normalmente sucede es que el líder está jugando al malabarismo con la pirámide. De sus tres clientes, el accionista lo asigna en el puesto de jefe. A los empleados los tiene todo el día y siempre demandan mejores sueldos y compensaciones. Y el más invisible y el que menos se queja es el cliente y por ello muchas veces es el que termina más afectado por complacer a los otros dos.

Cuántas empresas ponen al accionista en la cúspide y afectan al cliente: comisiones excesivas, aumentos de precios para cubrir ineficiencias, exigencias al cliente para darle servicio, etcétera.

Hay otras empresas que ponen al empleado en la cúspide y generalmente lo hacen porque tienen ventajas competitivas fuertes que les permiten mantener muchas ineficiencias o simplemente trasladan al precio sus costos crecientes. El mejor ejemplo de ello son los gobiernos que aumentan sus impuestos para poder seguir manteniendo una burocracia ineficiente y la opinión del cliente-ciudadano es irrelevante.

3. Tener un equipo directivo de alto desempeño

Hemos hablado de dos principios o ingredientes para iniciar la transformación para ser una empresa admirada. Tener al líder con el perfil adecuado e invertir la pirámide para que el único y verdadero jefe sea el consumidor.

Hay un tercero que es tener un equipo directivo comprometido, preparado, alineado, motivado y eficiente.

Si el equipo directivo no tiene las competencias y actitudes correctas, por ahí es donde debemos empezar. Arrancar sin el equipo adecuado es perder tiempo; lo vemos claro en el mundo del deporte, pues bien, para la empresa no es diferente.

El principal rol de un líder es construir un gran equipo y para ello requiere tiempo y dedicación. El líder que no tenga dentro de la empresa dos o tres potenciales reemplazos para su puesto, no está desarrollando talento. Esto es un síntoma de que su enfoque de liderazgo está orientado al poder. Hay muchos casos de líderes que renuncian a sus puestos sin tener su reemplazo; me pregunto ¿merecen llamarse líderes o simplemente jefes?

Hay un paradigma que debemos romper: ¿quién es mi equipo?

Cuando hacemos esta pregunta, invariablemente la gente piensa en su área de influencia o en el grupo bajo su cargo. Este pensamiento muy tradicional nos lleva a tener una organización funcional y fragmentada, pues los equipos se autoprotegen y llegan en lo individual a tener sus propias culturas.

Pensemos que la respuesta a quién es mi equipo es: «Aquel que me ayuda a que la empresa sea exitosa». De inmediato cambiaría toda la empresa. Las actitudes de poder se remplazarían por colaboración. El de finanzas sabe que sin la cooperación de los equipos de ventas y manufactura no lograría sus objetivos de vender más al menor costo. Bajo este nuevo paradigma les preguntaría: ¿en qué los puedo ayudar para que su trabajo sea más eficiente?, ¿qué tipo de reportes y con qué frecuencia los necesitan? El equipo de logística buscaría junto con el de ventas mejorar la respuesta al cliente e integraría otras funciones para lograr el éxito como unidad.

Esto que parece tan simple, no sucede, porque cada uno ve al equipo sobre la óptica de lo que aprendieron en el pasado. Saben que bloqueando a otro equipo ellos tienen más posibilidad de ser reconocidos y por lo tanto usan la información para demostrarle al «jefe» lo mal que los otros hacen su trabajo y así sucesivamente.

Cuántos jefes trabajan formando una estrella donde la comunicación es uno a uno, generando mucha desconfianza entre los miembros del equipo. Este estilo le da un gran poder al líder, pero produce enanos en su organización, pues al mantener el monopolio de la información, la gente lo necesita para tomar decisiones, generalmente afectando los intereses de otros equipos. Este estilo es predominante y la distancia de las competencias entre el líder y sus subordinados es tan grande, que los hace indispensables.

La mejor forma de reconocer este tipo de líderes, es preguntarnos: ¿cuántos remplazos para su puesto están listos? Si la respuesta es cero, debemos pensar seriamente si ese líder debe permanecer en la organización.

La responsabilidad número uno de cualquier líder es desarrollar el talento. Esta filosofía debe permear a toda la organización pues la única razón de contratar gente con competencias y habilidades especiales, es para propagarlas dentro de la compañía.

¿Quién es la persona que mejor puede evaluar a un líder? Los que están bajo su responsabilidad, ya que son los que pueden expresar el apoyo, motivación y entrenamiento que han recibido. En las entrevistas del personal que renuncia, la causa número uno siempre tiene que ver con el jefe. La gente es atraída por buenos jefes y renuncia por los malos. Dicho de otra forma, si tenemos buenos líderes podemos entrar en un círculo virtuoso, porque ellos van a atraer a los buenos y así sucesivamente.

Para hacer un diagnóstico de cómo está funcionando un equipo directivo puedes hacer desayunos de ocho a diez personas de varios niveles inferiores al tuyo. Déjalos hablar de sus aspiraciones, de sus familias, y al final pídeles de regalo que te digan cómo ven a tu equipo y qué te recomendarían. Te sorprenderás la claridad con que pueden diagnosticar y darte recomendaciones concretas.

Realiza una encuesta al equipo directivo en forma anónima para saber cómo se sienten acerca de diversos temas: comunicación, colaboración, confianza, respeto, liderazgo de grupo, alineamiento y nivel de compromiso.

En el Anexo 3, «Encuesta de equipos efectivos», hay una lista de trece preguntas simples para que cada miembro del equipo las califique en forma anónima en una escala del uno al diez. Anota los resultados promedio de cada concepto, pero anota también todas las calificaciones para ver la dispersión de ellas.

Cuadro 4.4. Encuesta de equipos efectivos

	Promedio	1	2	3	4	5	6	7	8	9	10
1. Tenemos una visión, misión y valores comunes	9.0	0	0	0	0	0	0	2	0	5	4
2. Respetamos las agendas de los demás	7.0	0	0	0	1	1	2	2	3	2	0
3. Tenemos una actitud de colaboración y apoyo sin fronteras funcionales	7.4	0	0	0	0	1	1	4	3	2	0

Siéntate con el equipo y generen una discusión sobre los resultados. Observen no sólo la calificación sino los puntos donde hay más dispersión, intentando profundizar en ellos. Este es un síntoma de falta de alineamiento y mientras no se cierre la brecha de dispersión, será muy difícil avanzar en acciones para mejorar ese punto.

Todas las recomendaciones para mejorar en cada tema se anotarán, de tal forma que al final puedan concluir con las cinco o seis reglas más importantes que si se mejoraran harían que el equipo fuera más efectivo y aumentaría la confianza entre sus miembros.

Anexo como ejemplo una lista de cinco reglas que establecimos con uno de mis equipos.

1. Espíritu de equipo: buscamos el objetivo común del equipo por encima del bien individual. Apoyamos y hacemos nuestros los compromisos que establecemos. Nos divertimos juntos.

2. Respeto a las agendas, tiempos y acuerdos: respetamos las agendas y los acuerdos realizados por el equipo en las fechas establecidas, fomentando con ello la confianza entre los compañeros.

3. Respeto a los otros: tratamos a los demás como nos gustaría ser tratados, respetando ideas y opiniones. Nunca hablamos mal de un miembro del equipo, ni toleramos que otros lo hagan.

4. Comunicación asertiva (escuchar/participar): abordamos los asuntos de manera objetiva y directa, con apertura a los diferentes

puntos de vista, respeto y participación activa. Damos retro-alimentación inmediata y directa. Nos basamos en los hechos, no en las opiniones. Nos enfocamos en las cosas, no en las personas.

5. Actuamos lo que decimos: actuamos con integridad y congruen-cia entre los valores que predicamos y lo que hacemos.

Como primera evaluación califiquemos del uno al diez estas reglas. Aun y cuando habrá bajas calificaciones, tendremos un buen punto de partida para ir viendo avances. Nuevas evaluaciones se pueden hacer a los seis meses. No es recomendable antes ni más de dos veces al año.

Poner estas reglas escritas en una tarjeta que pongamos en la cartera será muy útil. La parte de atrás que sea amarilla, para que cuando alguien esté violando una de ellas, le mostremos tarjeta amarilla. Recuerdo que cuando alguien hablaba de alguien del equipo que no estaba presente, de inmediato le sacaban la tarjeta amarilla.

Se sorprenderán al ver que al final estas tarjetas las terminan utilizando muchos otros equipos de trabajo, pues la fuerza de un buen ejemplo es más poderosa que las palabras.

Todo equipo tiene rituales o normas que ayudan a su mejor funciona-miento. Es importante definirlos y pueden anotarse también del lado amarillo de la tarjeta para traerlos siempre con nosotros.

Un ejemplo de algunos rituales:

1. La puntualidad es muy importante.

2. Nos divertimos y ponemos música al inicio de nuestras juntas.

3. Reconocemos logros en la empresa con una fuerte ovación.

4. Brindamos cuando hay muy buenos resultados.

5. Creemos en la retroalimentación individual y en equipo.

6. Valoramos y fomentamos la integración de nuestras familias.

7. Siempre nos apoyamos como equipo.

En el siguiente capítulo iniciaremos la travesía para llegar a ser una empresa admirada, pero como para toda buena receta, la calidad de los ingredientes es fundamental para obtener un buen resultado:

- el líder adecuado,

- hacer del cliente el jefe, y

- tener un equipo de alto desempeño.

Se dice fácil, pero me atrevo a predecir que no más de 10% de las empresas puede cumplir con los tres requisitos al mismo tiempo.

Un líder es alguien que escogemos seguir para ir a un lugar al que no iríamos solos.

5

La receta

No sigas el camino,
ve por donde no haya vereda y deja una huella.

Si tuviéramos que elegir sólo cuatro cambios críticos para lograr una transformación efectiva en una empresa, los podríamos resumir en:

1. Concentrarnos en construir ventajas competitivas

Si no contamos con ventajas competitivas sostenibles en el largo plazo, la empresa tarde o temprano morirá, pues alguien encontrará la forma de producir y ofrecer el mismo servicio en una forma más económica. Cuando no hay ventajas competitivas o diferenciadores, la lucha por ganar los clientes será por precio y los márgenes de rentabilidad se verán deteriorados.

Muchas empresas llegaron a tener ventajas competitivas que les dieron una posición financiera muy buena pero que posteriormente perdieron. Sin embargo, los accionistas, especialmente en las empresas familiares, atribuyen los malos resultados al líder. Se enfocan en buscar un culpable sin darse cuenta que a través del tiempo fueron apareciendo nuevos competidores que los superaron y que así perdieron aquella posición de pioneros o innovadores.

Tener ventajas competitivas es fundamental. Si una empresa carece de ellas cuenta con dos opciones: 1) buscarlas lo más rápido posible, ya sea adquiriendo a un competidor o desarrollándolas internamente, o 2) venderla lo más rápido posible a alguien que le pueda dar valor al negocio, buscando que las sinergias o beneficios que se obtendrán se compartan en el precio de venta.

Hay muchas formas de crear ventajas competitivas cuando un producto no está diferenciado tales como:

- Carteles de producción cuyo objetivo sea limitar la oferta para mantener precios y márgenes altos. Ejemplos: Organización de Países Exportadores de Petróleo (OPEP), el mercado de diamantes que es controlado por muy pocos fabricantes, etcétera.

- Consolidación de la industria a través de la adquisición de la competencia, de tal forma que la escala se convierta en una ventaja competitiva.

Sin embargo, para tener una empresa admirada requerimos que nuestras ventajas competitivas proporcionen productos y servicios que sorprendan al consumidor o al cliente por su extraordinario valor y no simplemente por una posición dominante de mercado.

Cuando las ventajas competitivas sirven para tomar una ventaja sobre el cliente-consumidor, se genera un malestar grande y aunque esto es rentable para los accionistas, la imagen de la organización se deteriora.

2. Organización rápida a través de procesos centrados en el cliente, eliminando actividades de no valor y dándole el poder a la gente de línea

Las empresas que no sean veloces tarde o temprano morirán, pues perderán clientes y llegarán al mercado después que sus competidores. Mientras la empresa es más grande el reto de tener una organización rápida es también mayor. Para el emprendedor pequeño, lograr flexibilidad y velocidad es más sencillo y en este sentido ya tiene una ventaja competitiva contra la empresa grande.

Para alcanzar velocidad hay que dar el poder a la gente de línea. Ellos deberán tener la capacidad y las herramientas para tomar la mayor parte de las decisiones que afecten a clientes y consumidores. El rol de todos los niveles de una organización que no son de línea, será el de facilitadores de procesos y sistemas de información para que ellos puedan responder a los clientes con rapidez.

Un negocio que quiera velocidad requerirá basar su organización en los distintos procesos del cliente y las «funciones» (finanzas, recursos humanos, etcétera) pasarán a ser facilitadores de estos procesos.

3. El rol del líder requiere cambiar de jefe a facilitador y/o entrenador

Este es un paradigma tan difícil de cambiar que de lograrlo se alcanzará una ventaja competitiva significativa. La parte más difícil es aceptar que la gente que está debajo de nosotros en el organigrama organizacional evaluará nuestro liderazgo, pues quién mejor que ellos para saber si estamos cumpliendo con nuestros roles de entrenadores o líderes.

4. El consumidor/cliente es y será el único y verdadero jefe

Darle el poder al cliente es la única forma de aspirar a ser una empresa admirada, pues son ellos los que nos juzgarán y al mismo tiempo nos premiarán con su lealtad.

En una organización tradicional el líder busca a toda costa estar por delante de la competencia, pero en una organización admirada el objetivo es hacer a la competencia irrelevante. Ver al consumidor o al cliente nos permite enfocarnos en cautivarlo, ganar su lealtad, entenderlo y sorprenderlo. Ver a la competencia sólo nos permite ser mejor que ellos con la óptica de lo que ellos hacen pero sin la visión del consumidor. Son pequeñas diferencias pero muy significativas en los resultados a largo plazo.

¿Por qué los líderes y las organizaciones fallan al intentar procesos de cambio?

- No anticipan los cambios en el consumidor.

- No anticipan los cambios tecnológicos.

- Arrogancia y exceso de confianza.

- Incapacidad para implementar el cambio.

- Mala administración del proceso de cambio.

¿Cómo podemos lograr que estos cuatro temas de transformación (ventajas competitivas, organización rápida, el rol del líder y el consumidor como jefe) se den en una forma articulada y coherente minimizando los riesgos que todo cambio lleva implícito?

Una de las respuestas es el proceso denominado VOC que consiste en alinear: Visión, Organización y Cultura.

Para una nueva empresa el modelo VOC parte de cero y su implementación será más sencilla. Para una empresa en operación, sólo se deberán tomar las piezas que a su juicio sean más relevantes para llegar a ser una empresa admirada.

Hay empresas con buenas ventajas competitivas y que sólo requerirán tener las estrategias adecuadas para conservarlas e ir ganando otras. Hay empresas rentables pero con un mal clima laboral. Otras son lentas y burocráticas y algunas otras presentan conflictos internos porque las métricas no están alineadas entre la gente.

Hay organizaciones que no logran crear esa pasión y motivación entre sus empleados para luchar por los mercados y otras tienen una gran debilidad en sus cuadros de remplazos y formación de líderes, etcétera.

El proceso VOC es muy simple en su concepción y puede comunicarse con mucha facilidad para que sea entendible por la mayoría. Yo tuve la oportunidad de aplicarlo durante cuatro asignaciones diferentes, desde la formación de un negocio desde cero hasta en grupos que superaban las 30,000 personas con múltiples negocios y diferentes geografías.

VOC tiene aplicación en todo tipo de empresas: chicas, grandes, industriales, de servicios, consumo, etcétera. Los programas que cada empresa implemente serán diferentes en su contenido y calendario, pero el proceso general será similar.

El proceso de transformación VOC está representado por tres flechas en forma ascendente dentro de una gráfica cuyos ejes son el nivel de complejidad en la implementación y potencial de rentabilidad de cada una de las fases.

Cuadro 5.1. Proceso VOC

Mientras un proceso sea más difícil o complejo, menos compañías lo intentarán y por lo tanto el potencial de utilidades aumentará en forma significativa al convertirse en un diferenciador único.

La primera fase del proceso de transformación es Alinear la Visión la cual inicia con una idea de negocio que se plasma en papel. Esta idea se pasa a una visión o propósito que resume la intención del negocio, para posteriormente definir aquellas ventajas competitivas o diferenciadores que nos harán únicos frente a los demás.

Cuadro 5.2. Primera fase: Alinear la Visión

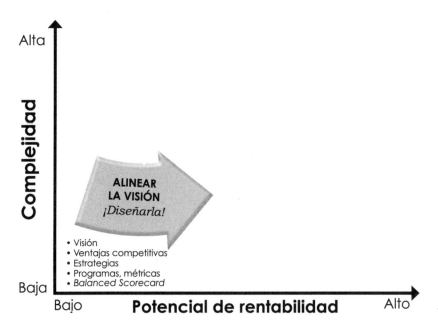

Lo que da valor a una organización o empresa son esos elementos diferenciadores, que denominamos ventajas competitivas. Una forma muy simple de identificarlas en una empresa es preguntándonos lo siguiente: si yo comprara esta empresa ¿qué es lo que estaría comprando o qué es lo valioso que tiene por lo que estaría interesado?

Hay empresas farmacéuticas que tienen medicinas de patente y por lo tanto su ventaja competitiva es su Centro de investigación en... Hay restaurantes cuya ventaja competitiva es la localización y su innovación continua del menú. Apple es una de las empresas más valiosas del mundo y sus ventajas competitivas son la capacidad innovadora tecnológica, la marca, el sistema de comercialización, las líneas de producto, etcétera. En este último caso, vemos que hay varias ventajas competitivas y que la suma de ellas la vuelve aún más valiosa. En una compañía de productos de consumo, seguramente sus marcas serán la ventaja competitiva número uno, la producción a bajo costo, la velocidad de respuesta al cliente, entre otras. Para una pastelería pudieran ser sus recetas y calidad, su costo-valor, etcétera.

La otra pregunta que debemos hacernos sobre las ventajas competitivas es: ¿son sostenibles en el largo plazo? O dicho de otra forma, ¿qué tan rápido pueden ser imitadas? Si la respuesta es un lapso de tiempo menor a los seis meses entonces podemos decir que son ventajas débiles. Pero si por el contrario, el tiempo de copia es mayor, la posición competitiva genera un gran valor.

¿Qué pasa cuando tenemos una ventaja competitiva? Generalmente podemos tener un mejor precio-margen y por lo tanto mayores utilidades.

Una vez definidas las ventajas competitivas hay que establecer estrategias para cada una de ellas. Toda estrategia en una empresa debe ir orientada a crear o reforzar sus ventajas competitivas; no perdamos de vista que son éstas las que dan el valor a la empresa.

Convertir las estrategias en planes de acción y sus métricas será el último paso antes de iniciar la implementación o ejecución.

La fase de alineamiento de la visión es fundamental para cualquier negocio y es por ello que su complejidad es baja y por lo tanto su potencial de utilidades es menor. Esta es la fase más común en los negocios; es la parte racional y mecánica y de una u otra forma las empresas las tienen.

Mientras más grande sea la organización más claridad se requiere en la fase de alineamiento de la visión. Esta fase representa el diseño del negocio y es por ello que es importante pero produce pocas ganancias si lo comparamos con las siguientes fases.

Ejecutar la estrategia es el gran reto y es justo aquí en donde las empresas empiezan a diferenciarse. El 70% de los fracasos no están relacionados con una mala estrategia sino con una mala ejecución. Menos de 10% de las estrategias formuladas con eficacia son ejecutadas con éxito.

La ejecución de la estrategia requiere de organizaciones preparadas para ello, aquí radican las diferencias significativas entre las empresas.

Generalmente nuestras organizaciones son jerárquicas, fragmentamos la división del trabajo, se vuelven lentas, inflexibles, costosas, con gente desmotivada y lo más importante el cliente es invisible. Adam Smith en el año de 1776 estableció muchos de los principios que rigen los procesos administrativos de hoy y pareciera increíble que en el siglo XXI seguimos administrando empresas con pensamiento del siglo XVIII.

La gran diferencia que hace obsoletas muchas de esas teorías es la velocidad de cambio y un cliente-consumidor demandante y bien informado que demanda rapidez a bajo costo. Contestar a un cliente el teléfono después de tres tonos empieza a ser un problema y sus expectativas de valor y servicio se modifican diariamente. Cuando le damos algo nuevo lo acepta, pero para el día de mañana espera algo más. Simplemente es insaciable.

La segunda fase del proceso para ser una empresa admirada es Alinear la Organización o dicho de otra forma, hacer realidad la visión.

Cuadro 5.3. Segunda fase: Alinear la Organización

Michael Hammer y James Champy en su libro *Reingeniería de la corporación* (1993) muestran las ventajas y la metodología para crear una organización por procesos desde la perspectiva del cliente.

A pesar de que este nuevo pensamiento tiene 17 años, en la mayoría de las empresas se sigue operando de forma funcional. Cambiar el paradigma y transformar una organización para enfocarla en procesos lleva mucho tiempo porque implica cambiar conductas, la más importante: ceder poder del jefe al cliente.

La mayor complejidad en la implementación de esta fase, hace que sean menos de 10% de empresas las que operen bajo una organización por procesos centrada en el cliente. Quienes lo logran se vuelven rápidos, flexibles, eficientes, confiables y con gente muy motivada. Las utilidades que se generan aumentan considerablemente y es aquí donde la empresa comienza a ser única y a convertirse en una empresa admirada.

La última fase del proceso VOC es la más compleja pero también la que tiene un potencial mayor de utilidades: Alinear la Cultura, que se traduce en vivirla.

Su complejidad radica en la dificultad de cambiar comportamientos humanos para crear una organización donde la innovación y el cambio constante sean parte de su cultura, cuyos empleados aporten ideas para mejorar los procesos y servicios al cliente; donde todos busquen eliminar lo que no da valor al cliente y donde los valores que se establecen se viven con tal intensidad que vuelven a la empresa única.

Cuadro 5.4. Tercera fase: Alinear la Cultura

La innovación es el ingrediente más importante en la nueva economía; es mejorar o crear algo nuevo a partir de elementos existentes.

Por ejemplo, la rueda fue inventada hace más de 3,000 años y no fue hasta el año 1960 cuando a alguien se le ocurrió incorporarla en el equipaje. Fue una idea a partir de elementos existentes y hoy difícilmente compraríamos una maleta sin rueditas.

Por otro lado, el número de empresas que logra dar poder y autonomía a su gente, alineando todos sus sistemas de reconocimientos y compensaciones en forma variable es tan limitado que se vuelve una de las ventajas competitivas más fuertes que existen.

Las empresas que logran vivir sus valores y su cultura con tal intensidad, orgullo y pasión crecen a mayor ritmo que sus competidores, son más rentables y generalmente entran a la categoría de empresas admiradas.

Aquí es donde encontramos organizaciones enfocadas al cliente y no al jefe, centradas en el equipo sobre el individuo, con disciplina antes que improvisación y donde su gente opera como emprendedores y no como empleados.

El trabajo en estas empresas es más desafiante pues, además de mayor complejidad de los puestos, se opera con mucha autonomía y la innovación y diferenciación es parte central de lo que se espera de todo individuo, por simple que sea su trabajo. Por ejemplo, un empleado de limpieza puede encontrar formas más eficientes o proponer equipos o materiales que hagan mejor su trabajo contra una organización tradicional en donde sólo se siguen instrucciones.

Un proceso de transformación total requiere los tres componentes del proceso VOC. Trabajar en la Visión y estrategia, en la Organización y en la Cultura. En los siguientes capítulos hablaremos en detalle de cada fase y obtendremos recomendaciones muy concretas para cada una de ellas. Conforme avancemos, veremos mayor complejidad pero al mismo tiempo la recompensa subirá de manera exponencial.

Supongamos que una empresa implementa la fase de Alineamiento de la Visión y obtiene utilidades base: cien. Cambiar la Organización a procesos centrados en el cliente la puede llevar a 150-250 y Alinear la Cultura la llevará más allá de los 300. Estamos hablando de cambios cuánticos, pero se requieren ajustes importantes a la forma en cómo hacemos negocio.

El premio mayor será la satisfacción de ser una empresa admirada por la comunidad de clientes, consumidores, empleados, accionistas y sociedad en general. Será una organización mejor preparada para cualquier crisis y siempre buscará reforzar o crear nuevas barreras o ventajas competitivas.

En última instancia, para un líder y empresario, lograr trascender y dejar una huella será su mayor satisfacción si decide iniciar un proceso de transformación total. El proceso VOC es una buena herramienta para comenzar.

En este lugar perdemos demasiado tiempo mirando hacia atrás. Camina hacia el futuro, abriendo nuevas puertas y probando cosas nuevas, sé curioso, porque nuestra curiosidad siempre nos conduce por nuevos caminos.

WALT DISNEY

6

Alineando la Visión

---

*El mundo es de aquellos que sueñan, que tienen el coraje
y la pasión de vivir sus sueños y hacer de su visión una realidad.*

Para mantener o crear un negocio hay que tener claridad sobre a dónde queremos ir y cómo queremos llegar.

Todo negocio nace de una solución a un problema o de una oportunidad que no existía en el mercado. Generalmente nace de la falta de un servicio por parte del líder del mercado o de algún producto o servicio que no existe.

Los fundadores de Skype, Niklas Zennström y Janus Friis de Luxemburgo, notaron un alto costo de las llamadas telefónicas de larga distancia y desarrollaron, en 2003, un *software* que facilitara las conversaciones en el mundo en forma casi gratuita. Fue tal su éxito que, dos años después, eBay adquirió su empresa por 2.5 billones de dólares. ¿Por qué ninguna de las grandes empresas de comunicaciones vio esta oportunidad?

Coca-Cola adquirió, en mayo de 2007, por 4.1 billones de dólares la empresa Vitamin Water que producía bebidas de sabores fortificadas. Esta empresa fundada en 1996 por Darius Bikoff cubría una necesidad no ofrecida por la mayor empresa de bebidas del mundo. La empresa vendió 350 millones de dólares en 2006 y se le pagaron once veces el valor de sus ventas. ¿Por qué estos altísimos precios de compra y por qué una empresa con la infraestructura tecnológica y humana de Coca-Cola, no pudo desarrollar un producto que sus fundadores crearon por menos de un millón de dólares?

Si preguntamos quién es la empresa líder en renta de autos en Estados Unidos los nombres de Avis y Hertz salen de inmediato. Sin embargo no es así.

Enterprise Rent-A-Car es la líder y no le quitó mercado a Avis y Hertz. Ellos descubrieron que había una gran oportunidad en aquellas personas que requerían mandar a reparar sus automóviles o que necesitaban un auto extra pero no podían pagar los precios a los que se rentaban autos a viajeros en los aeropuertos. Su oferta de precios más bajos no requería rentas, ni locales elegantes. Los autos que tienen son los más económicos y austeros y ofrecen el servicio de llevarte al taller o a tu casa. Simplemente tomaron un mercado que los líderes nunca vieron.

¿Por qué suceden estas y muchas historias similares?

La cadena de supermercados de mayor crecimiento y rentabilidad en los últimos años es Whole Foods. Ellos decidieron no competir por precios y tener una oferta de productos naturales, orgánicos, comida preparada y un servicio a precios altos para aquella gente de clase media preocupada por hábitos de alimentación saludable.

Home Depot es la cadena líder de materiales para mejoras y reparación de casas. Su mercado: primordialmente hombres y contratistas que dan servicio al hogar.

La cadena Lowe's nace como una oportunidad de atender a las mujeres que buscan materiales de decoración y una tienda más conveniente, bonita e iluminada que Home Depot.

Hay un sinfín de ejemplos de emprendedores que no estaban en la industria, pero que vieron que el líder no ofrecía un servicio diferenciado a muchos segmentos de no-consumidores.

Generalmente los líderes del mercado crean una miopía alrededor de su éxito, misma que es reforzada por todos los elementos de su organización. En los ejemplos que vimos anteriormente seguramente existirán muchas causas por las que los líderes no vieron las oportunidades que otros sí encontraron.

Sucede lo mismo que en un huracán, en donde todos perciben la amenaza y los únicos que sienten que no hay problema y hay calma son los que están justamente en la zona central denominada: ojo del huracán. Tenemos muchos ejemplos de empresas amenazadas que ni siquiera se dieron cuenta por dónde habría de llegar su competencia.

La historia cuenta que el inventor del reloj de cuarzo fue un suizo que al presentar su invento en una exposición relojera no atrajo la atención por ser diferente a lo que en ese momento eran los relojes de maquinaria. Al parecer fue Seiko quien lo vio y el resto es historia. Lo mismo sucedió con la industria automotriz americana en los años sesenta. Ellos no vieron a los autos japoneses por considerarlos baratos y de mala calidad; sin embargo ellos estaban entendiendo mejor al cliente... el resto, también es historia.

Hay un dicho que dice: «Llegar a la cúspide no es lo difícil, sino saberse mantenerse en esa posición». Cuando alguien encuentra una oportunidad y tiene éxito, en ese momento todos quieren el nuevo mercado; surge una especie de envidia natural. Si el que generó la idea no establece una estrategia y un modelo de negocio diferenciado, terminará perdiendo parte del mercado. La historia muestra que los que terminan siendo líderes de un segmento son aquellos que están observando el mercado y que ven en los emprendedores su mayor fuente de conocimientos y experimentación. Cuando ven un éxito temprano lo estudian y adoptan y en algunos casos buscan comprar al pionero antes de que sea muy tarde y su tamaño lo haga muy caro.

Skype fue comprado a los dos años de fundado y su valor fue de 2.5 billones de dólares. Si lo hubieran detectado a los seis meses o en el momento de lanzamiento su valor hubiera sido muy inferior.

Veremos más adelante que para muchas empresas de clase mundial, la fuente principal de innovación son terceros o fondos semillas para la experimentación.

Generalmente una empresa madura tiene su base de negocio en un grupo de consumidores muy leales a ella, cuyo consumo es muy alto y se denominan como los *heavy users* o clientes distinguidos, especiales, AAA, etcétera.

Estos clientes son en realidad el sustento económico de las empresas, pues aunque representan entre 10% y 20% de toda la base, generan entre 60% y 80% del total de utilidades. Lo increíble es que pocas veces están claramente identificados y se les ofrece un servicio diferenciado.

Cuántas veces somos testigos de un mal servicio en un mostrador o un centro de llamadas y por más que expliquemos a quien nos atiende lo importante o leales que somos a su empresa, nos trata con la misma indiferencia que a un cliente ocasional. Es en ese momento cuando se pierden los clientes, cuando se espera una diferenciación o un trato especial y el cliente se da cuenta que sólo representa uno más de la lista.

También hay un grupo de clientes numerosos que generalmente nos da pérdidas. Cuando pides a una empresa la información de sus clientes y el reporte de los que han ganado y perdido en la última semana, es sorprendente encontrar a quien tenga disponible esta información y para aquellas que lo llegan a tener no son claras las razones de las pérdidas o ganancias.

Si una empresa no pone al cliente como lo más importante y lo demuestra con su actitud y ejemplo todos los días, terminará siendo una empresa normal, pero nunca una admirada por sus clientes.

Perder o ganar clientes debe ser el motor de crecimiento de cualquier empresa y es por ello que deben existir métricas muy precisas.

Generalmente las empresas definen su mercado meta en el cual compiten y buscan quitar clientes a sus competidores. La métrica es la ganancia de participación de mercados y mientras se le quiten puntos a la competencia, el balance es positivo.

Dentro de esta filosofía, lo que vemos es la acción de la competencia. Buscamos cómo ser un poco mejores que ellos sin alterar la rentabilidad del negocio. Estamos compitiendo para ser mejores, pero en última instancia competimos en las mismas dimensiones y en el largo plazo esto es un gran error.

El mayor riesgo de cualquier empresa es volverse un *commodity* o un servicio no diferenciado y que cualquiera lo ofrezca. El más eficiente en precio será el ganador del mercado, pero la rentabilidad de esa industria será poco atractiva.

Por otro lado, cuando aparece un competidor que se fija en los clientes insatisfechos o los que simplemente no ven a esa industria como su opción, desarrollan nuevas alternativas e inclusive nuevos modelos de negocios. Cuántos negocios son exitosos porque se enfocaron en ver al consumidor y decidieron competir para ser únicos.

El Cirque du Soleil, fundado en 1985 por Guy Laliberte, hoy es el mayor circo del mundo y su éxito se basó en atraer una población adulta que no asistía al circo. Ringling Bross perdió su lugar de líder aun cuando su fundador dice que «Eso no es un circo» a lo que el creador del Cirque du Soleil replica: «Eso es irrelevante. Es lo que la audiencia quiere que sea. Es el Soleil».

Enterprise Rent-A-Car, Vitamin Water y Skype basaron su negocio en ver clientes que los líderes no atendían. Los mercados son enormes si logramos enfocarnos en ver mas allá de nuestro actual segmento y vemos a los no-consumidores de nuestros productos y servicios.

Hay un primer nivel de no-consumidores irregulares que se cambiarían en cualquier momento de marca.

Hay un segundo nivel que se niega a consumir lo que la industria ofrece y aunque ve el producto-servicio como alternativa no opta por ella.

Hay un tercer nivel de no-consumidores que jamás ha considerado lo que la industria le ofrece.

Una empresa admirada requiere ver al consumidor como su único y verdadero jefe y por lo tanto siempre estará alerta a cuidar y ganar nuevos clientes como el elemento de mayor valor.

La fase 1 del proceso VOC: Alinear la Visión es el proceso mediante el cual una organización visualiza su futuro y desarrolla los procedimientos y las acciones necesarias para hacer de ese futuro una realidad. Consiste en poner en blanco y negro lo que significa el negocio, el por qué existimos, qué queremos ser, la propuesta de valor al cliente, su visión, las ventajas competitivas que diferenciarán el negocio, las estrategias que soportarán las ventajas competitivas, el plan de juego, los programas de acción que enfocarán la ejecución, etcétera.

Cuadro 6.1. Alineando la Visión

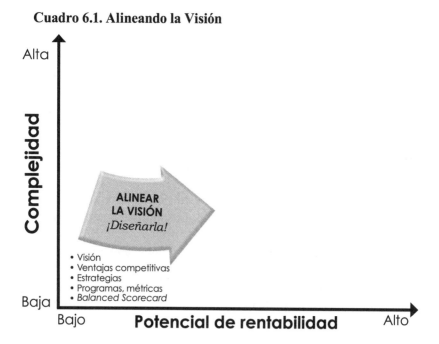

96

Alinear a todo el personal de una empresa pequeña o grande es fundamental. Mientras el mensaje sea más claro y simple será mejor. Si a través del tiempo la gente no puede repetir en forma espontánea los fundamentos o la visión de la empresa, será un indicativo de un mal trabajo de comunicación o de que los mensajes han sido muy complejos.

La regla número uno es que la visión y la estrategia sean comprendidas por el empleado del nivel escolar más bajo, pues en una empresa admirada se espera la aportación de todos sus miembros para el logro de los objetivos.

Cuadro 6.2. Implementando la Visión

En la pirámide anterior podemos observar los cinco elementos que se requieren para Alinear una Visión. Revisaremos cada uno para dar ejemplos y recomendaciones prácticas y sencillas.

1. Cómo se crea una visión

La visión es una frase corta que inspira a una organización en lo que intenta y quiere llegar a ser. Es una propuesta de valor que genera compromiso para: crear un valor extraordinario al cliente, crear excelentes productos y servicios y ser una gran empresa. Es una imagen mental producida por la imaginación que nos da la dirección para buscar un sueño. Es una guía para tomar decisiones que nos permitan alcanzarla; inspira a trabajar para lograrla y da enfoque y claridad sobre el futuro deseado.

Jerry Porras y Jim Collins en su libro *Built to Last* mostraron que las compañías con visión generaron, en el largo plazo, seis veces más utilidades que aquellas que no la tenían o la cambiaban según su conveniencia.

El papel número uno de un líder o empresario es hacer realidad la visión y por ello es él quien tendrá que liderar el proceso de escoger una visión que refleje una posición única y distintiva. Para ello puede recurrir a un pequeño grupo (no mayor a diez personas. Idealmente cinco o seis), que puede conformase por elementos de su equipo directivo, por consultores especializados o miembros del consejo.

Este proceso no es democrático, pero requiere un grupo diverso que aporte diferentes puntos de vista. Algunos pueden ser expertos de la industria en la que compite, o pueden tener una perspectiva global y otros pueden plantear hipótesis para la discusión.

Lograr unificar a un grupo mayor de seis personas se vuelve muy complejo y por ello no es recomendable. Es importante tener un facilitador que regule la discusión y permita mantener la mente abierta de todos los miembros que participen en este proceso. No es recomendable que este rol lo cubra el jefe, pues las discusiones se podrían sesgar a su favor.

La visión final tendrá que ser una propuesta de valor y se convertirá en la razón de existir de la empresa; tendrá que ver con el cliente o canal que se desea atender y la necesidad o solución a cubrir. No se recomienda poner en la visión al accionista o al empleado, pues además de hacerse larga, pierde la esencia de enfocarse en la propuesta de valor y de la razón de existir: los clientes. Si la visión es adecuada, tanto accionistas como empleados se beneficiarán de ella.

Debemos entender que al crear una empresa siempre lo hacemos para obtener una recompensa económica a través de una propuesta de valor y es esto precisamente lo que debe ser el enunciado de la visión.

«Elegir es renunciar». La parte esencial de una visión es también escoger lo que no queremos ser. Al definir una visión distintiva y clara también elegimos en dónde no queremos competir. Esto permitirá a la empresa enfocarse.

Muchas empresas no tienen una visión explícita y ni la quieren, porque escribirla y publicarla los llevaría a elegir y dejar muchos negocios en el camino. La visión de Disney: «Hacer feliz a la gente» provee una gran cantidad de opciones, pero al mismo tiempo limita la entrada a muchos negocios buenos que no van con la misma. Nadie les propondría comprar un negocio de zapatos, pero sí un estudio cinematográfico o uno de televisión.

Debemos intentar poner en una frase nuestra visión y tener cuidado de que no termine por describir lo que ya somos. Cuando elaboramos la visión de una empresa de productos horneados que dirigí, establecimos: «Ser la opción favorita del consumidor en productos horneados en México». Saliendo de la reunión comenté con el director financiero la gran cantidad de trabajo que tendríamos, pues habría que limpiar la empresa de más de veinte sociedades y distintos negocios: producción de harinas, empaques, aceites, botellas plásticas, distribuciones de otros productos, etcétera. La reacción a mi comentario fue el temor a perder ventas pues éstas ayudaban a cubrir los gastos fijos.

Sin embargo, en los siguientes años redujimos el tamaño de la empresa en forma importante, tanto en gastos como en ingresos. Cuidamos de vender bien los negocios sobrantes y como resultado mejoramos los márgenes de utilidad en más del doble y el flujo de efectivo que hasta entonces no veíamos, comenzó a llegar. Pudimos encausar una parte a invertir en la mejor tecnología mundial para ser la opción favorita, lo cual era la parte central de la visión.

Lo que en realidad hicimos fue darnos cuenta de que si seguíamos con tantos negocios en los que no teníamos ventajas competitivas terminaríamos muriendo por ser muy vulnerables. En lugar de expandir la visión, la acortamos para poder enfocarnos en ser los mejores en nuestra actividad central: ser los mejores en productos horneados nos llevó a renunciar a muchas otras cosas.

Hay una frase que dice: «menos es más» y eso sucedió, pues a través del tiempo esta empresa se convirtió en una empresa más grande y admirada; de las mejores en el mundo en productos horneados y con márgenes de rentabilidad mayores a los de muchos líderes globales.

Generalmente hay muchos errores y barreras psicológicas cuando se intenta establecer una visión:

1. Intentar copiar el éxito de algún competidor actual.

2. Presión por crecer más rápido que la industria.

3. Interés por comprar empresas o hacer alianzas.

4. Poner métricas no alineadas a la visión o fuera de realidad.

5. Intentar describir lo que hoy somos en forma más concisa y elegante.

6. La visión no es ser número uno o número dos. Eso son metas.

7. La visión no es una acción como: consolidar la industria, globalizarnos, fusionarnos, etcétera.

Para saber si la visión que establecimos es correcta, debemos hacer una prueba y ver si pasa los siguientes cuestionamientos:

1. Debe tener una propuesta de valor al cliente muy diferente a nuestros competidores.

2. La cadena de suministro debe tener diferencias significativas.

3. Debe quedar muy claro lo que no debemos hacer.

4. Tiene el poder de cambiar las expectativas tradicionales de los clientes.

5. Tiene la capacidad de cambiar las ventajas competitivas del mercado.

6. Tiene la fuerza suficiente para cambiar las reglas del juego en el mercado.

Para establecer una visión tenemos que ponernos en la óptica del cliente usuario y no-usuario y preguntarnos: ¿a qué clientes queremos atender?, ¿son usuarios finales o intermediarios?, ¿qué canales y territorios queremos cubrir?, ¿qué necesidades queremos cubrir?, ¿cuál es el precio relativo del producto y/o servicio?

Veamos ejemplos de visiones muy poderosas:

Disney: hacer a la gente feliz a través de experiencias de entretenimiento.

3M: prácticas e ingeniosas soluciones que ayudan al cliente.

Merk: desarrollar soluciones que mejoren la vida humana.

General Electric: ofrecemos cosas buenas para la vida.

Microsoft: ayudar a las personas y los negocios del mundo a desarrollar todo su potencial.

Marriot: Cuando la gente esté fuera de casa, sienta que está entre amigos.

Estas seis visiones tienen los siguientes atributos:

1. El cliente es su razón de ser. Nunca ponen al empleado y accionista, pues ellos no son la visión, pero son los beneficiados si se hace realidad.

2. Ofrecen una propuesta de valor inspiradora y con oportunidades para crecer.

3. Deja muy claro todo lo que no queremos ser para no desviarnos del camino.

4. Trabajar en una empresa con propósito es muy atractivo y para el líder comunicar estas visiones es muy placentero.

5. Se diferencian de sus competidores al dejar muy claro la intención y razón de ser de la empresa, comprometiéndoles a actuar en congruencia con su visión.

Tener una visión es el punto de partida y esto aplica para una empresa, un país o nuestra vida personal. Una visión da sentido y razón de ser a nuestras acciones.

El 25 de mayo de 1961 el entonces presidente de Estados Unidos, John F. Kennedy, lanzó una visión muy poderosa: el hombre en la Luna. Esta visión unió a un pueblo alrededor de un sueño y logró crear una época de desarrollo tecnológico e inventos de los que hoy disfrutamos.

Esta visión tuvo metas concretas: llevar a un hombre a la Luna y traerlo de regreso a la Tierra antes de que terminara la década. El 21 de julio de 1969 (cinco meses antes de la meta) Neil Armstrong pisó la Luna.

Tener una visión parece un paso simple, sin embargo existen muchas empresas y países que no la tienen o nadie las recuerda. Hagamos el experimento en una o varias empresas, o en el país donde vivimos, preguntando a la gente en niveles altos y bajos: ¿cuál es la visión?

Nos sorprenderán los resultados y la falta de consenso y alineamiento. Tener una visión no es una garantía de éxito pero sí es el primer paso para alcanzarlo y mientras sea más simple, inspiradora y distintiva en su propuesta de valor, será mejor.

2. Ventajas competitivas (VC): la razón de existir

La única forma de hacer realidad una visión es que el sueño esté sustentado por ventajas competitivas sostenibles en el largo plazo. De otra manera, sólo será una ilusión y buenos deseos.

Una ventaja competitiva es un diferenciador que no es fácil duplicar en el corto plazo y el cual crea una ventaja sobre los competidores: marcas, patentes, sistemas de distribución, productos, cultura innovadora, etcétera. Identificar y hacer visibles las ventajas competitivas es el segundo paso de un líder para empezar a aterrizar una visión.

Si no encontramos ventajas competitivas que nos diferencien sólo tenemos dos opciones: 1) buscarlas a la mayor brevedad o 2) Vender la empresa lo más rápido posible antes de que pierda más valor.

La visión es un sueño, una propuesta de valor, pero las VC son lo que da valor a una empresa. Construirlas o tenerlas debe ser la prioridad número uno ya que de ellas depende el valor de la empresa.

La gente se confunde mucho sobre lo que es una VC. La mejor forma de identificarlas es preguntarnos: ¿por qué vale una empresa?, ¿qué estaría comprando de ella?, ¿por qué es admirada?, ¿qué tan rápido pueden copiarla? La respuesta a estas preguntas terminará describiendo sus ventajas competitivas y mientras más fuertes sean, más valiosa será la empresa.

Veíamos que la empresa Apple tiene un valor de 230 billones de dólares y Sony de sólo 29, a pesar de que Sony aún vende casi el doble que Apple. El valor tan alto de Apple es por sus VC y lo difícil que será replicarlas para otro competidor:

1. Su capacidad de innovar y crear nuevos productos a gran velocidad.

2. Su sistema de distribución en tiendas propias con un modelo de servicio y entrenamiento en cada local.

3. Su tienda virtual de música y películas logró romper con mucha de la piratería que existía.

4. Tiene las mejores computadoras y son líderes en el segmento de alto precio.

5. Dominan los reproductores de música, siendo que nueve de cada diez son iPod.

Podríamos seguir la lista, y es que no muchas empresas tienen tantas VC como las tiene Apple; por ello su valor como empresa es muy alto. Si las VC no son reconocidas por los clientes, pagando precios más altos por ellas y generando márgenes de utilidad superiores, entonces no pueden considerarse como tales.

Sony vende casi el doble que Apple pero lo que no decimos es que las utilidades netas de Apple fueron once veces mayores que las de Sony en el reporte de junio 2010. Visto de otra manera, sus VC se traducen en ganancias superiores a cualquier competidor, incluyendo al actual líder del mercado en ventas.

Decir que la gente es la VC, es un planteamiento incorrecto. Lo que debemos encontrar es qué hace la gente para crear una ventaja competitiva que el cliente distinga y pague por ella. Puede ser un servicio extraordinario por el que los clientes pagan más. Todas las VC de

Apple y cualquier otra empresa fueron creadas por la gente, pero es la propuesta de valor lo que debemos identificar como la VC.

¿Por qué es importante identificar las VC? Si lo que da valor a una empresa son sus VC, entonces a lo único que debemos dedicarnos es a reforzarlas o construirlas. Pero si la organización no las hace visibles, ¿cómo trabajaremos en ellas? Esta premisa es válida para una empresa, para un país y para los individuos.

En un país no tener identificadas las VC hace que la gente no se enfoque en apoyarlas. Cualquier país debe basar sus políticas públicas en reforzar sus VC, pero las preguntas son: ¿están identificadas?, ¿todos las tenemos claras?

México tiene varias, siendo dos de ellas el turismo y su plataforma exportadora. No tenerlas claras y visibles genera que muchos funcionarios entorpezcan las actividades que las fomentan. Si le preguntamos a un empresario de la rama turística si todos los que intervienen en el proceso lo ayudan o le entorpecen su función nos llevaríamos sorpresas al ver los bloqueos que existen en su tarea. Para los exportadores competir con costos de monopolios de Estado no es de gran ayuda, tampoco lo es la cantidad de trámites que requieren.

Si el país tuviera una visión y claridad en las tres, cuatro o cinco ventajas competitivas, todo sería más fácil. Todo aquel funcionario que atente o entorpezca el apoyo a quien trabaje en alguna de las áreas de las VC sería sancionado. Los indicadores de gestión y premios serían para los que las apoyaran. Parece magia, pero tener claridad de lo que nos hace valiosos es el paso más importante para hacer una visión realidad en una empresa o país.

A nivel individual sucede lo mismo, sólo que las VC son aquellos dones o fortalezas que tenemos y generalmente son lo que nos hace felices. Sin embargo, los padres en lugar de enfocar toda la estrategia con los hijos en reforzarles sus VC, buscan reforzar sus áreas de debilidad: un error de estrategia. Cuántas veces le ponemos al hijo un maestro de matemáticas porque no le gusta la materia y sus notas son bajas, cuando lo que debemos hacer es ponerle un maestro en donde va bien, en lo que le gusta y en donde tiene las habilidades para ser el mejor. Esto no implica que repruebe matemáticas, pero sí que no esperemos un grado de excelencia en la materia equivocada.

«Menos es más», enfocarnos nos permite construir ventajas competitivas. Cuando vemos un conglomerado de negocios, generalmente al fragmentarlo en pedazos tiene más valor que su conjunto. Dentro de un conglomerado hay buenos y malos negocios y la tendencia de los inversionistas, que no entienden la complejidad, es castigar por los problemas de un negocio a todos los demás. En este caso podemos decir que el conglomerado no es una VC, pues resta valor contra los negocios en forma independiente. Le dan valor en función del negocio dominante o a veces del más débil. Conozco empresarios que se molestan porque el mercado no les da el valor que ellos creen tener.

Justifican su diversidad de portafolio para reducir riesgos, cuando ellos debían saber que esa función la realizan los manejadores de carteras o los mismos inversionistas.

Si yo quiero comprar un sector de negocio es mi decisión. Además es difícil creer que uno tenga tantas fortalezas cuando se está muy diversificado. Sin embargo, cuando los negocios son afines a la visión y comparten VC similares no se ve a los negocios como diferentes.

Casos como el de Disney, con parques temáticos y estudios de cine y televisión, están dentro de la visión de «Hacer feliz a la gente» y comparten muchos procesos y cultura similares.

En negocios pequeños también las VC son muy importantes. Supongamos que queremos iniciar una pastelería. La primera pregunta que nos debemos hacer es: ¿cuál es mi propuesta de valor o qué soluciones aporto al mercado?

Pensemos que la oferta de valor desde el punto de vista de producto es una serie de fórmulas de mi abuela y que quien las prueba queda sorprendido. Analizo que hay un grupo de no-consumidores que usan los pasteles como regalo y que les gustaría que se los llevaras a su casa.

Con base en ello la visión podría ser: «Pasteles a domicilio que te sorprenderán». Hacer realidad esta visión requiere algunas VC.

Puedo maquilarlos con señoras desde sus casas ahorrando muchos gastos fijos. El recibo de pedidos lo puedo subcontratar con un centro de llamadas y la distribución hacerla con motocicletas y comisionistas.

¿Cuáles serían mis VC en este ejemplo? 1) la marca y lo que significa en calidad y sus recetas y 2) valor percibido muy alto respecto a lo que pagará el consumidor, pues el modelo de negocio eficiente en costo permite pasarlo al cliente.

Tener VC nos permite decidir cuáles son las cosas que quiero y a las que debo dedicarme y cuáles puedo subcontratar con terceros porque no quiero hacerlas o porque alguien las hace mejor y no quiero desviar recursos económicos y humanos en esa actividad.

Hasta aquí hemos establecido una visión clara y sencilla de comunicar para inspirar a la gente. Tener VC nos hace entender qué es lo que mejor sabemos hacer, lo que nos hace diferentes y a partir de ahí establecer los que llamamos estrategias.

3. Estrategias que refuerzan las VC

Para hacer realidad una visión hay que tener ventajas competitivas. Las estrategias son las acciones o la dirección que debemos tomar para que las ventajas competitivas sean una realidad.

Para cada ventaja competitiva debemos tener entre tres y cinco estrategias, de tal forma que una compañía de clase mundial tenga de diez a quince estrategias.

Podríamos tener una lista enorme, pero intentar alinear a una organización cuando hay más de quince prioridades es una labor muy difícil. Los individuos y las organizaciones se enfrentan al mercado y al mundo con recursos humanos y económicos muy limitados.

Al establecer las estrategias hay una tendencia a incluir todas las actividades que la empresa realiza, sin importar la relevancia de éstas para cumplir los objetivos establecidos en un principio, de tal forma que terminamos con una gran complejidad y con el riesgo de perder el enfoque.

Tener claras las VC (generalmente son de tres a cinco), nos permite establecer estrategias para reforzarlas y todo aquello que hoy hacemos y que no refuerza las VC lo dejemos de hacer o busquemos quién lo haga mejor que nosotros.

Por ejemplo: El tema de administración de oficinas, nunca será una VC y por lo tanto no estará en la estrategia. Sin embargo, ¿cómo se va a sentir la gente que se dedica a ello y que generalmente goza de una posición de poder en la empresa? Va a buscar que exista una estrategia escrita y eso sería el mayor de los errores, pues terminaríamos con veinte o treinta estrategias, confundiendo lo que crea valor de lo que no.

En este caso tan simple, el rol de quien maneja las oficinas será el de buscar eficiencia o quién pueda hacer externamente el trabajo mejor que nosotros para delegárselo y posiblemente desaparecer su función.

Ejemplos como éstos habrá muchos, pero inevitablemente al elegir una estrategia, renunciamos a muchas otras cosas que no lo son. Al enfocarnos en las VC y sus estrategias, iremos simplificando la empresa para dedicarnos sólo a construir VC que dan valor y quitar las distracciones que desvían nuestra atención y recursos económicos.

Cuadro 6.3. Proceso de alineación de la visión

Pongamos un ejemplo real.

Hasta 1880 la producción de diamantes era muy limitada y restringida a la realeza o personas muy ricas. En 1930, De Beers, quien hoy controla una buena parte del mercado mundial, lanza una visión: Crear un mercado masivo para los diamantes.

La ventaja competitiva que desarrollaron fue: Sembrar en la mente de la gente que los diamantes son la máxima expresión del amor.

La estrategia que siguieron fue poner diamantes en todas las estrellas y personalidades para que toda mujer dijera: «Yo quiero lo que ella tiene».

Los programas de acción para implementar la estrategia fueron:

1. Educar al comprador: crearon escuelas sobre el mundo del diamante y los anillos de compromiso. Crearon historias acerca de celebridades y romances alrededor de los diamantes.

2. A través de películas y celebridades crearon un mercado masivo.

3. Control de la producción para mantener el precio elevado.

4. La publicidad basada en el eslogan «*A Diamond is Forever*» (un diamante es para siempre) fue acuñada en 1947 y aún sigue vigente.

Los resultados: la mayoría de las novias reciben anillos de compromiso. La inversión emocional se hereda por generaciones y el valor del mercado es de aproximadamente cincuenta billones de dólares.

Éste es un gran ejemplo de una visión clara y con enfoque, que buscó que los no-consumidores de diamantes (la mayoría) lo vieran como una opción. Un enfoque tradicional hubiera sido seguir con el mercado de la realeza y personas ricas, pero les aseguro que el mercado sería muy inferior en tamaño a lo que es hoy.

Pongamos otro ejemplo de una empresa de productos de consumo y cuya visión podría ser: ofrecer al consumidor marcas que le ayuden a la limpieza de su hogar.

Seguramente esta empresa podría tener varias ventajas competitivas, pero por simplificación pongamos dos:

• Marcas favoritas y el mejor y más innovador lugar para trabajar.

• Las estrategias para cada una de ellas podrían ser:

Marcas favoritas:

1. Un portafolio de marcas enfocado. Construir un portafolio de productos segmentados por tipo de consumidor bajo pocas marcas que se adopten por su relevancia e innovación continua.

2. Innovación diferenciada y de alto impacto. Desarrollar conceptos y productos altamente diferenciados que sean innovadores y atractivos para los consumidores.

3. Productos superiores en valor. Maximizar la satisfacción del consumidor con productos superiores que excedan sus expectativas de valor en cada compra.

El mejor y más innovador lugar para trabajar:

1. Administración del talento en una cultura diversa e incluyente. Construir y desarrollar una cultura de innovación en un ambiente de trabajo adecuado y una vida balanceada que permita a las personas maximizar su potencial y ganar con la diversidad e inclusión.

2. Organización rápida, flexible y facultada. Ser una compañía orientada al cliente/consumidor y basada en procesos que apoyen a los equipos facultados.

3. Sustentabilidad y responsabilidad social. Convertirnos en líderes de la transformación social al contribuir con el crecimiento de la organización y el desarrollo sustentable de nuestro ambiente y comunidad.

Una vez que tengamos las estrategias y lo que ellas significan podremos pasar a lo que llamamos: ejecutar la estrategia con programas y métricas de seguimiento.

4. Ejecutando la estrategia/programas/métricas

La ejecución es el tema más importante que enfrentan las organizaciones hoy en día. Es uno de los mayores retos del líder y debe ser el elemento fundamental de la cultura en una empresa, sin el cual no se consigue el éxito.

Es el eslabón que une a las aspiraciones con los resultados. Ninguna organización puede cumplir sus metas a menos que sus líderes practiquen la disciplina de la ejecución en todos los niveles de la organización.

El proceso estratégico comenzó de una idea intuitiva que se transformó en la visión. Pasar una visión a acciones ejecutables es una tarea analítica que representa un gran desafío intelectual, emocional y creativo. Una buena ejecución tiene su complejidad porque requiere tener claridad de las tareas y sus respectivas métricas.

Un alto directivo de una empresa decía que él podía dejar extraviado en el avión su plan estratégico y no le preocupaba, porque ningún competidor tendría las ventajas competitivas y capacidades organizacionales para llevarla a cabo.

Una organización admirada debe traducir la estrategia en acciones, para después alinear la organización con la estrategia. Para ello todos los incentivos monetarios y de motivación, tanto al más alto nivel como al más bajo, deben estar alineados a las estrategias para que la implementación sea responsabilidad de todos.

Para cada estrategia tenemos que establecer cuáles son los indicadores o métricas que nos indiquen en dónde estamos y a dónde queremos llegar.

Supongamos que ponemos sólo tres indicadores por estrategia, si tenemos seis estrategias habría unos 18 indicadores, pero si tuviéramos 20 estrategias tendríamos más de cincuenta indicadores.

En una organización que tiene excesos de indicadores, generalmente están en conflicto, son distintos entre áreas y conllevan a prioridades diferentes. Pero lo más importante es que no se viven con intensidad.

Alinear una organización con tantas métricas genera conflictos entre la gente, pues cada uno verá el marcador desde la óptica de su trabajo. Por ejemplo, tomemos el caso de un cliente que requiere con urgencia un pedido pequeño. El personal de logística tiene como objetivo optimizar el costo del transporte y por lo tanto se resistirá a enviar un camión casi vacío. Por otro lado, al equipo de ventas no le importará si en ese pedido se pierde dinero porque es un gran cliente y su deber es darle servicio. Si la empresa tuviera pocos indicadores que indicaran cuáles son primarios y cuáles secundarios, las decisiones serían más simples para todos.

El mayor problema se genera cuando la empresa está dividida por funciones y no por procesos alineados al cliente. En el ejemplo anterior, el de trasporte intentará hacer un cargo a ventas para que sus números no se vean mal, pero en una organización por procesos este gasto se ve en el valor total que ese cliente da a la empresa y el servicio especial que se le dio parecerá insignificante contra su volumen total de compra y la lealtad que ganaremos. Esto sólo se puede apreciar cuando la empresa está alineada a procesos del cliente.

Sin embargo, hay que ser prácticos pues son pocas las empresas en el mundo que están alineadas a procesos del cliente, veremos el por qué en el siguiente capítulo. Es por ello que recomiendo hacer el esfuerzo de seleccionar un máximo de diez indicadores de gestión que se puedan denominar de primer nivel.

La gran ventaja de simplificarlos es que se alinea la Organización; todos entienden las prioridades cuando existe un conflicto y se pueden establecer los sistemas de información y retroalimentación adecuados. Se puede estimular, entrenar y reconocer a la gente y así anclar una cultura de largo plazo.

Cuando una empresa establece su visión en función del cliente y define indicadores de gestión para cada estrategia, aparecerán muchos nuevos indicadores del mercado y de los clientes, tales como: clientes ganados y perdidos cada semana, reconocimiento espontáneo de marcas, el valor percibido de sus productos y servicios con relación a lo que el cliente paga, la utilidad por cliente, los índices de satisfacción del trabajo, etcétera.

Un buen ejercicio es que el comité de dirección tome todos los indicadores de gestión resultantes y que intenten seleccionar sólo diez bajo el supuesto de que sólo con ellos se manejará toda la empresa: ¿cuáles seleccionarían?

Lo primero que vamos a encontrar es que de los diez indicadores seleccionados habrá algunos que:

1. No medimos. En este caso, el reto será medirlos cuidando establecer la frecuencia adecuada, pues ello implicará algunos costos.

2. Otros indicadores ya se miden, pero no se les da visibilidad, o no son importantes. Aquí el reto es empezar a darles relevancia y alinearlos con reconocimientos, compensaciones, evaluaciones, etcétera.

3. También encontraremos que muchos de los indicadores que usamos diariamente no son de los diez seleccionados y poco a poco debemos quitarles la importancia relativa contra los otros diez; de lo contrario no habrá cambio y transformación en la empresa. Recordemos que la gente hace lo que ve, no lo que se le dice.

Por ejemplo, hay compañías que con el fin de lograr las ventas empujan a sus equipos a cerrar pedidos a fin de mes, aun cuando lo único que hicieron es enviar inventarios no necesarios al cliente. Si ahora un indicador es ayudar a nuestros clientes a ser más eficientes y una métrica es el nivel de su inventario simplemente no podemos volver a usar el recurso de empujar el producto en forma artificial para que nuestro jefe vea una buena fotografía de ese mes.

En el capítulo 3 vimos que el valor de una empresa admirada se da en 60% por intangibles, por aquello que no está en los libros de contabilidad y que llamamos valor intelectual: marcas, gente, cultura, mercado, etcétera. Es importante que cuidemos que estos diez indicadores incluyan algunos relativos al mercado, cliente, consumidor, clima organizacional; pues es ahí donde se encuentra la creación de valor. Si no sucede esto debemos volver a revisar si las estrategias y las métricas que pusimos son las correctas.

Cuando observemos la lista de los diez indicadores notaremos que varios implican cambios importantes en la forma de gestión y en la cultura. Lo recomendable es elegir los dos o tres más conflictivos y poner bonos o incentivos a toda la empresa si se logran alcanzar. Estos bonos deben ser autofinanciables.

La comunicación en todos estos procesos es fundamental; una buena idea es crear semáforos para mostrar el estatus de cada indicador: verde (mejor a lo esperado), amarillo (en plan) y rojo (debajo de lo esperado) y así cada mes podamos ver en tableros sencillos cómo vamos en los resultados por indicador.

Cuadro 6.4. Tablero de indicadores

Los indicadores que rigen a una empresa son los que medimos, los que estamos observando diariamente y los que premiamos.

Es importante que toda la organización entienda dónde estamos y a dónde queremos llegar con los diez indicadores de gestión. Posiblemente algunos están cerca de la visión y otros muy lejos de ella. Propongo elaborar un cuadro donde coloquemos el nivel de desarrollo de los indicadores calificándolos del uno al cinco, donde cinco es el máximo valor y representa haber llegado a la visión y uno es una posición lejana, así podemos ver rápidamente en dónde enfocarnos.

Cuadro 6.5. Indicadores de gestión

Indicadores de gestión	Nivel de desarrollo				
	1	2	3	4	5
1.					
2.					
3.					
4.					
5.					

Supongamos que un indicador clave es la participación de mercado y la tenemos en el nivel cuatro. Para llegar al cinco habrá que enfocarnos en los segmentos o territorios en donde la calificación sea entre uno y tres y que son los que no nos permiten llegar al cinco. Para todos en la empresa será muy fácil entender que si queremos llegar al cinco y hacer realidad la visión, el foco será en los indicadores que están debajo de tres.

Todo proceso de transformación requiere como elemento fundamental la simplicidad en los mensajes y en las estrategias para que todos las entiendan y sepan lo que se espera de cada uno. La ejecución de la estrategia es labor de todos y si bien las personas pueden trabajar por instrucciones, cuando hacen las cosas porque las quieren hacer y ponen en ello todo su esfuerzo y pasión, los resultados que se alcanzan son dramáticamente diferentes.

Muchas organizaciones confunden su proceso de planeación estratégica con proyecciones financieras de lo que sucederá en el futuro. Generalmente tendemos a ser conservadores, pues las cifras que se presentan son la base para bonos y recompensas.

Estoy convencido de que un proceso de planeación estratégica debe ser hecho con hoja en blanco para analizar los distintos caminos y ver su impacto en el futuro. Cuando ponemos en una matriz todas las iniciativas estratégicas en función del valor que podrían generar y la complejidad de su implementación, vemos que las podemos clasificar en tres tipos diferentes:

Cuadro 6.6. Clasificación de estrategias

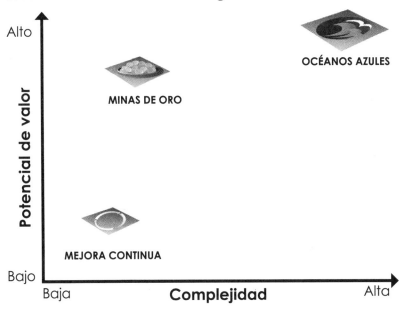

1. Las iniciativas más complejas y que nos darán más valor son aquellas que implican romper paradigmas y que requieren competencias que hoy no tenemos; como pudieran ser nuevos negocios o nuevos territorios. Llamarles *océanos azules* es un buen nombre. Lo explicaré en los capítulos siguientes.

2. Las *minas de oro* son aquellos proyectos de baja complejidad pero que dan excelentes beneficios. Aquí generalmente encontramos la expansión a nuevos territorios.

3. Los programas de *mejora continua* o productividad deben seguir siendo parte del trabajo diario pues su complejidad es baja al igual que su creación de valor, pero son muchos dado la intervención de toda la empresa en ellos.

Este cuadro debería ser el resumen más importante de un plan estratégico, pues cuando veamos todos los proyectos con sus respectivas utilidades nos llevaremos la sorpresa de que podríamos duplicar o triplicar el tamaño de la empresa si todos sucedieran.

El reto del comité de dirección es ir priorizando los proyectos y elaborar un calendario de varios años, buscando que siempre tengamos uno o dos *océanos azules*, varias *minas de oro* y desde luego no perder la cultura de *mejora continua*.

5. Organización centrada en la estrategia *(Balanced Scorecard)*

Hay una herramienta desarrollada por Robert Kaplan y David Norton quienes publicaron en 1996 su libro *The Balanced Scorecard: Translating Strategy Into Action*. El BSC es un proceso que coloca a la estrategia en el centro de la organización.

Implementar el BSC es complicado, pues requiere cambios importantes en la manera de gestionar la empresa y un compromiso firme del comité directivo. Antes de implementar esta herramienta, la empresa debe tener claridad sobre su visión, sus ventajas competitivas y haber llevado a cabo un proceso de depuración y simplificación de las actividades de no-valor agregado.

Las compañías que han logrado su implementación son pocas, pero llegar a ello nos acerca a ser una empresa admirada. Es necesario un facilitador o experto en la herramienta ya que su implementación requiere desarrollar nuevas habilidades y trabajar alrededor de un mapa estratégico en donde, de forma gráfica, se ve la estrategia desde cuatro diferentes perspectivas.

1. Perspectiva financiera: ¿cómo nos vemos a los ojos de los accionistas?

2. Perspectiva de clientes y consumidores: ¿cómo nos ven los clientes?

3. Perspectiva de los procesos internos: ¿en qué debemos sobresalir o cuáles son nuestras ventajas competitivas?

4. Perspectiva de desarrollo y aprendizaje: ¿podemos continuar mejorando y creando valor?

El BSC es posiblemente el mejor sistema de gestión estratégica pues consiste en:

• Formular una estrategia consistente y transparente.

• Comunicar la estrategia a través de la organización.

• Coordinar los objetivos de las diversas unidades organizativas.

• Conectar los objetivos con la planificación financiera y presupuestaria.

• Identificar y coordinar las iniciativas estratégicas.

• Medir de un modo sistemático la realización, proponiendo acciones correctivas oportunas.

Esta herramienta junto con las otras que menciono en este libro son mi recomendación, pero la elección de las mismas y los calendarios para su implementación sólo pueden hacerse por el líder de la compañía.

El BSC es una herramienta sofisticada y recomendable para aquellos que han avanzado mucho en sus procesos de negocio, tecnología de información y que pretenden sistematizar y hacer que todos los miembros de una organización se conecten y entiendan su impacto y contribución en la estrategia.

Otro sistema, mucho más simple, es el que mencioné sobre seleccionar un grupo de diez indicadores de primer nivel y desplegarlos de forma clara y sencilla a toda la organización.

Yo recomendaría alinear una organización a procesos centrados en el cliente antes que implementar el BSC. Aun cuando son dos cosas muy diferentes, ambas tienen un alto grado de complejidad, así que es tarea del líder elegir con qué *batalla* comenzar para evitar crear confusión y reducir la resistencia al cambio natural dentro de toda organización.

En el siguiente capítulo hablaremos de lo que hay que hacer para transformar nuestra empresa en una organización por procesos.

Lo imposible de hoy, creará el futuro.

7

Alineando la Organización

En el futuro habrá dos tipos de empresas:
las rápidas y las muertas.

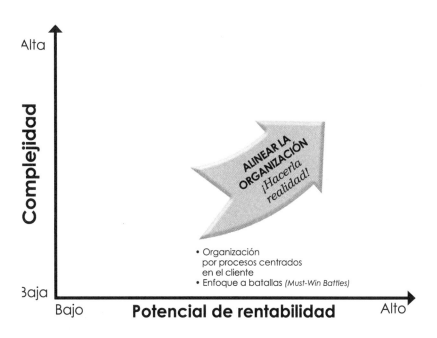

Podemos tener una compañía extraordinaria en la fase 1 del proceso VOC con una visión clara, un plan estratégico bien elaborado y programas de acción y métricas bien definidos, pero podemos fallar en la implementación si tenemos una organización burocrática, lenta, conflictiva, costosa y con clientes insatisfechos.

Como se muestra en el cuadro 7.1., la segunda fase: Alineamiento de la Organización tiene mayor complejidad pero a la vez generará utilidades y márgenes de ganancias que crecerán de manera exponencial.

Por más que tengamos buenos productos y servicios, si no los podemos ofrecer al cliente en forma rápida y eficiente en valor, nuestras empresas tarde o temprano morirán.

La velocidad y la innovación son los dos elementos principales para el éxito de una empresa en esta época.

Un ejemplo está en la industria de juegos electrónicos que tiene un valor superior a los treinta billones de dólares y cuyo liderazgo se disputan tres empresas: Nintendo, Play Station (Sony) y Xbox (Microsoft). Cada dos o tres años generan alguna innovación, pero quien termina llevándose el mercado es quien primero la lanza al mercado. Ninguna de estas empresas gana en la venta de su consola, pero la primera que logra atrapar a los consumidores es la que tendrá el mercado de los videojuegos por muchos años. Esto nos lleva a una conclusión: ser buenos no es suficiente, ser el primero es lo más importante.

La velocidad del cambio en el entorno es cada vez mayor y la tendencia nos indica que se intensificará. Sin embargo, los individuos no estamos preparados para ello, pues el ser humano es un ser de hábitos que por naturaleza tiene miedo al cambio.

Las empresas, al ser agrupaciones de individuos, muestran una gran resistencia al cambio, y si a esto añadimos la palabra riesgo, tenemos organizaciones que por un lado quieren moverse, pero por el otro se resisten.

Esta brecha y tensión que se genera entre el cambio acelerado del mundo y su tecnología y la lentitud del cambio humano en sus conductas y hábitos es lo que impide a una empresa ser admirada.

Hoy a nadie se le ocurre usar una vela cuando tenemos luz eléctrica o ir a buscar personalmente a alguien cuando rápidamente se le puede llamar por teléfono.

Sin embargo, cuando vemos cómo se realizan muchas tareas en las empresas, nos encontramos con métodos laborales y administrativos que no han cambiado en cien años o quizá más tiempo. Aparecen organizaciones funcionales que fragmentan el trabajo en distintos compartimentos... teorías propuestas por Adam Smith en el siglo XVIII.

Las empresas enfrentan una competencia global y un mercado en el que el único y verdadero jefe es el cliente/consumidor. Ellos exigen productos y servicios de calidad ajustados a sus necesidades individuales y si nosotros no se los damos, alguien más lo hará.

¿Cómo competir en el mundo empresarial de hoy?

Tenemos que ser muy rápidos en cautivar a nuestros clientes y ellos sólo aprecian aquellas operaciones que transforman y dan un valor a un servicio y producto. No están dispuestos a pagar por nuestras ineficiencias.

Hay operaciones o actividades que consumen tiempo y recursos pero que no agregan valor al producto y el cliente no está dispuesto a pagar por ellas.

Desde la perspectiva del consumidor, éste estaría feliz si no pagara por muchas actividades que se realizan en una empresa: contabilidad, aspectos legales y jurídicos, administración de personal, oficinas, gastos de viaje, etcétera.

Cuando hacemos un mapa de procesos en una empresa promedio y medimos el tiempo y los costos de cada proceso, separando las actividades de valor al cliente y las que no le dan valor, nos llevamos la sorpresa de que más de 80% de éstas son de NO valor desde la óptica del consumidor.

Cuadro 7.2. Empresa típica

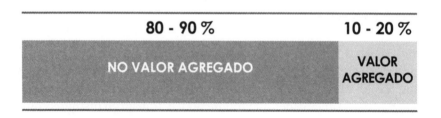

Muchas empresas, en forma errónea, intentan concentrar sus esfuerzos en hacer más eficientes sus procesos de valor al cliente, pero de esta forma sólo están mejorando la porción más pequeña de las actividades de una empresa.

Supongamos que la empresa tiene 10% de actividades de valor agregado al cliente y que las mejoramos en 50%, sólo habremos mejorado en 5% la eficiencia total de la empresa.

Cuadro 7.3. Empresa enfocada en mejora

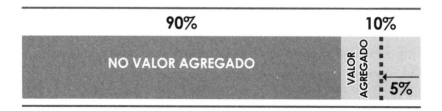

Para lograr una transformación que nos diferencie de los demás y genere una gran satisfacción de clientes, empleados y accionistas, tenemos que hacer una reingeniería total de los procesos de la empresa en donde podamos hacer una reducción dramática de las actividades de no valor agregado.

Una empresa de clase mundial tiene una mezcla de actividades de valor y no valor al cliente 50-50%. Hay muchas actividades que se tienen que hacer aún y cuando el cliente no desea pagar por ellas.

Cuadro 7.4. Empresa admirada de clase mundial

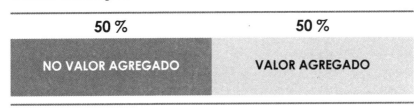

50 %	50 %
NO VALOR AGREGADO	VALOR AGREGADO

Estamos tratando de administrar empresas en el siglo XXI con organizaciones diseñadas en el siglo XIX bajo la influencia de:

• División del trabajo por Adam Smith y Henry Ford, en 1776 y 1913 respectivamente.

• Burocracia iniciada en los ferrocarriles en 1820.

• Divisiones descentralizadas por Alfred Sloan. GM en 1930.

• Corporaciones y sus grupos de soporte. Robert McNamara, de Ford; Harold Geneen, de ITT y R. Jones, de GE (1960).

Para ilustrar esto pensemos hipotéticamente que hoy decidimos formar una organización y que deseamos que sea muy rígida, ineficiente, cara, poco flexible, con gente desmotivada, conflictiva y lenta para el cambio, ¿qué haríamos?

La podríamos dividir por funciones para que los servicios para el cliente tuvieran que pasar por muchas manos y asignar objetivos contradictorios con el fin de que el cliente se confunda y sea invisible.

Una buena idea también sería separar el trabajo físicamente en diferentes ciudades, edificios, pisos, etcétera.

También podríamos dividir el trabajo con barreras sociales estableciendo títulos ostentosos que limiten la comunicación junto con puertas en oficinas y asistentes que bloqueen el acceso a los líderes.

Cuadro 7.5. Organización burocrática, cara y lenta

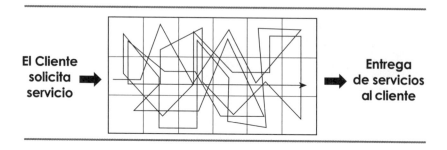

Lo que al final logramos es un reflejo de lo que hoy somos: el cliente demanda productos y servicios y éstos tienen que seguir recorridos muy largos, lentos, caros y conflictivos.

Hay dos herramientas muy poderosas para Alinear la Organización, una de ellas consiste en organizarla por procesos centrados en el cliente y la segunda en establecer «batallas» o prioridades que permitan alinear a la organización y gestar el cambio con pocos pero importantes objetivos.

Un proceso de transformación es continuo y lleva muchos años. La gente va perdiendo la paciencia si no ve resultados rápidos así que escoger y dividir el proceso por etapas es muy importante. A estas prioridades podríamos llamarlas *batallas* de tal forma que todos entiendan la visión y perspectiva a largo plazo, pero más importante, a lo que nos vamos a enfocar el día de hoy.

1. Organización por procesos centrados en el cliente

Los clientes son la fuerza dominante. Son los que mandan, a menos que tengamos una posición de monopolio, ventajas competitivas como patentes y barreras de entrada donde la fuerza esté en la empresa y no en el cliente. Hoy, son los clientes los que dicen a las empresas lo que quieren, cuándo lo quieren y cuánto están dispuestos a pagar.

Esta situación genera grandes conflictos pues las empresas siguen pensando en un mundo masificado con clientes similares y para los cuales establecen procesos internos que les son convenientes aunque no sean los que el cliente demanda.

La gente es *millonaria* en expectativas, pero nadie tiene el dinero suficiente para adquirir todo lo que quisiera. Se lanzan miles de productos diariamente, pero menos de 1% alcanza el éxito.

Una familia promedio obtiene 80-85% de sus necesidades con unos 240 productos diferentes; pero todos tenemos acceso a más de un millón de productos. Se lanzan cada año aproximadamente 120,000 nuevos productos. Un supermercado promedio maneja entre 20 y 50,000, pero al final la familia vive con 240 productos.

Es fácil imaginar por qué todas las empresas buscan desesperadamente promocionar sus productos, colocar exhibiciones especiales, publicidad, etcétera. El mensaje al consumidor es: «llévame, quiero ser uno de esos 240 productos». Ante este panorama sólo tenemos tres opciones: huir, hablar más fuerte o innovar.

La mayoría de las empresas se organizan en torno a la división del trabajo propuesta por Adam Smith: operan en silos funcionales. La persona que verifica el crédito es parte del equipo de finanzas, los que manejan el pedido en la bodega pertenecen a manufactura, despacho es parte de logística, el que toma el pedido es parte de ventas. Todos miran hacia su propio departamento y hacia arriba que es donde están los jefes que los evalúan, les promocionan y les aumentan sus sueldos. Nadie mira hacia fuera, que es justo donde está el cliente.

La mayoría de problemas y altos costos son la consecuencia de la fragmentación del proceso. Estas organizaciones matan la innovación y la creatividad pues si alguien tiene una idea mejor para despachar a los clientes primero tiene que convencer a su jefe, el cual tiene que convencer a su superior y así sucesivamente. Basta un simple NO para matar la idea.

En un mundo de clientes y consumidores esta forma de administrar es obsoleta. Hoy no podemos trasladar al cliente todas nuestras ineficiencias y si el producto no lo tenemos en el momento, el cliente no nos esperará.

Lo que tenemos que hacer es ponernos en los pies del cliente y organizarnos en torno a sus procesos; a lo que él hace y piensa y darnos cuenta que la existencia de cualquier negocio se basa en dar soluciones. ¿Cuáles? Las que el cliente quiera, cuando las quiera y como las quiera.

Un proceso es una colección de actividades que crean valor para el cliente. Tomemos un ejemplo: un cliente hace un pedido y éste termina cuando el cliente lo recibe y paga por él.

En una empresa pueden estar involucradas varias personas de distintos departamentos, ocasionando que los requerimientos pasen de un lugar a otro y por lo tanto con riesgo a errores y mayores costos asociados. Si el cliente no tiene crédito le suspenden la entrega y entonces tendrá que dirigirse a crédito que está en el área de finanzas. El cliente se molesta y el vendedor tiene que recurrir a su jefe para que haga una excepción, pero como el proceso se detuvo en finanzas, a su vez se tendrá que pedir el favor al director de finanzas. Por otro lado, si se quedaron sin materia prima, el de compras podrá decir que no hubo un buen pronóstico y así sucesivamente.

Para rediseñar los procesos y organizarnos con un enfoque al cliente requerimos hacer una reingeniería de los mismos, que consiste en una revisión fundamental y el rediseño radical de los procesos de negocio para alcanzar mejoras dramáticas en medidas críticas de desempeño, tales como: costo, calidad, servicio y rapidez.

Tenemos que preguntarnos por qué hacemos lo que estamos haciendo y por qué lo hacemos de esa forma. La reingeniería no da nada por sentado: no podemos asumir que todo crédito a los clientes se debe investigar; en muchos casos, el costo de investigarlo resulta superior a lo que se perdería por cuentas incobrables.

eBay, el portal de subastas, genera calificaciones de compradores y vendedores entre sí y aquel vendedor que tiene malas anotaciones simplemente deja de vender. ¡Cuántos sistemas basados en la confianza y el reconocimiento pueden sustituir controles lentos y obsoletos!

Decimos radical porque no se trata de efectuar cambios superficiales, ni de arreglar lo ya instalado, sino de abandonar lo viejo. Rediseñar es reinventar el negocio, no mejorarlo o modificarlo.

Las mejoras deben ser dramáticas en rendimientos para hacer una reingeniería de procesos; implica quitar lo viejo y cambiarlo por algo nuevo pues de no ser así, entonces hablaríamos de procesos de mejora continua.

Hammer fue el pionero del concepto de reingeniería de la organización, que implica un nuevo comienzo; rompe con los paradigmas de Adam Smith (la división del trabajo, las economías de escala, el control jerárquico) para buscar nuevos modelos de organización.

Trataremos de hacer un ejercicio práctico de cómo se hace una reingeniería de procesos centrados en el cliente hasta llegar al mapa de procesos que sustituye a los organigramas rígidos. El proceso por sí solo es complejo y su implementación en una organización puede llevar de tres a cinco años.

Como veíamos en la gráfica VOC, esta segunda fase de Alineamiento de la Organización es más compleja, y pocas son las empresas que pueden presumir estar organizadas de esta forma. Los beneficios son significativos contra cualquier competidor y aun cuando la implementación requiere tiempo, los resultados cuantitativos se ven de inmediato. Simplemente hacer visibles los procesos del cliente y poner dueños de los mismos da una gran ventaja.

Ser una organización rápida, flexible, eficiente, con gente motivada, enfocada al cliente, con clientes satisfechos, confiable y con procesos administrados es un sueño que sólo las empresas admiradas pueden disfrutar.

Los resultados de una reingeniería de procesos son muy variados y dependen del compromiso de los líderes en hacer los cambios humanos y tecnológicos necesarios. Un estudio publicado en el *Business Process Management Journal* (2001, v.7, n° 5), señala que 42% de las empresas reportan resultados excelentes, pero 20% dijeron que fallaron.

En otra pieza de información elaborada por CSC Consulting reportan que los beneficios de mejoras son muy buenos pero dispersos. Sólo en reducción de costos se tuvieron mejoras de 56% con una dispersión que varía de 20 a 90%. En mejora de calidad un 73% promedio y en reducción de tiempo de ciclo de 80%. No es de extrañarnos que uno de los mayores beneficios del proceso de reingeniería (BPR- *Business Process Reengineering*), sea la reducción de tiempos de no valor agregado al integrar las funciones a procesos.

Cuadro 7.6. Resultados de una reingeniería de procesos

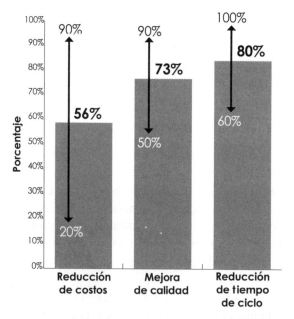

Si consideramos que una empresa típica tiene más del 80% de activi-dades de no-valor agregado al cliente, es fácil suponer que un proceso de transformación puede generar estos beneficios. Muchos de los gastos de una empresa corresponden a sus estructuras jerárquicas; y es esto precisamente lo que desaparece primero al darle poder a la gente a través de mayor claridad y visibilidad en los procesos.

Si hacemos el ejercicio del porcentaje de los salarios y prestaciones que se llevan 10-20% de los que más ganan, nos encontraremos que aplica la ley de 80-20; es decir 20% de los empleados representan 80% del total de sueldos y a 80% les corresponde 20%.

Esta dispersión de la riqueza no sólo se da en la empresa sino también en el país. En México, 10% de la población ostenta 42% de la riqueza y el 10% más pobre tiene menos de 2%.

Es importante notar que la mayor parte de la reducción del tiempo de ciclo y costos viene de las estructuras organizacionales obsoletas, es por ello que la resistencia de los altos directivos a los procesos de reingeniería y su implementación es lo que genera que algunas empresas sean muy exitosas y otras no.

Como dice la frase: «Si las cosas que valen la pena fueran fáciles cualquiera las haría». En un proceso de reingeniería tenemos que detectar a tiempo quiénes son aquellos que se resistirán al cambio, pues son los que buscarán boicotear el proceso; la recomendación es quitarlos del camino lo más rápido posible. Toda empresa tiene dos fuerzas encontradas: los promotores del cambio y los que se resisten a él. Estos dos grupos son pequeños y cada uno nunca representa más de 20% del total de los empleados. Por otro lado, es la mayoría de la gente la que estará confundida al ver estas dos fuerzas y estará a la espera de ver quién es el equipo ganador para unirse a él.

Si hoy el reto de una empresa es cerrar la brecha entre el cambio tecnológico y la forma en cómo administramos nuestras empresas, no podemos darnos el lujo de esperar. La mayor parte de la gente tendrá que ser re-entrenada en los nuevos procesos y en ese sentido, es más importante contar con empleados que tengan la actitud adecuada.

Los procesos son el corazón de una empresa, la forma en que una compañía crea y entrega valor a los clientes. Ellos representan el verdadero trabajo, aunque no estemos conscientes de ello.

En las organizaciones tradicionales (funcionales) los procesos están fragmentados, son invisibles, no se describen, no se administran y el resultado es un pobre desempeño. El enfoque de procesos centrados en el cliente es diferente: interfuncional y orientado a resultados y por lo tanto demanda un nuevo vocabulario y una nueva perspectiva.

Una compañía no está definida por sus productos y servicios, sino por sus procesos de valor al cliente. La principal actividad tiene que ser administrarlos, por las siguientes razones:

- Enfocar los recursos en las actividades que realmente agregan valor al cliente.

- Romper con las barreras funcionales y asegurar una adecuada coordinación.

- Contar con una organización ágil, con procesos simples y capacidad de reacción.

- Contar con sistemas de trabajo, tecnología de punta e información.

- Habilitar y desarrollar las capacidades del personal de línea y formalizar un nuevo rol para los líderes de la compañía, de control y supervisión a facilitadores y entrenadores.

- Ser empresa admirada por clientes y el mejor lugar para trabajar.

Al definir los procesos, veremos que no todos son de valor para el cliente pero que son necesarios para el funcionamiento de la empresa. Será importante identificarlos para dar claridad en cuáles son de apoyo y cuáles son nuestra razón de ser.

- Procesos de valor agregado al cliente.

- Procesos habilitadores: procesos que soportan a varios procesos de valor. Si sólo apoyaran a uno es mejor clasificarlo dentro del proceso de valor.

- Procesos rectores: procesos que dan dirección o ajustan otros procesos.

Existen tres requisitos para ser una verdadera organización administrada por procesos:

- Herramientas: identificar los procesos y estar conscientes de ellos. Diseñarlos y contar con infraestructura de apoyo y sistemas de información.

- Actitud: sistemas de medición. Sistemas de compensación por procesos. Cultura.

- Nuevos roles de los líderes: dueños de procesos. Equipos de procesos. Entrenadores y consejo de procesos.

La administración por procesos y la reingeniería guardan algunos objetivos en común pero su alcance es diferente. Administrar por procesos orienta a la compañía al cliente-consumidor, asigna dueños a los procesos, implanta sistemas de compensación y nuevos roles, y lo más importante, abarca todos los procesos del negocio. La reingeniería está orientada a mejorar en forma dramática el desempeño y por lo tanto sólo se puede hacer con algunos procesos a la vez. Implica dedicar equipos al rediseño e implantación y generalmente contempla la renovación de tecnología.

Veamos las fases para iniciar una administración por procesos:

1. *Identificación de clientes.* En esta etapa se identifica la ruta que siguen nuestros productos hasta que llegan al consumidor final. La

pregunta a responder es: ¿en dónde debería estar nuestro producto para que el consumidor lo encuentre?

La mayor parte de las compañías no llega hasta el último consumidor, pero sí son parte de una cadena que terminará ahí. Por ejemplo, si producimos partes automotrices o materia prima para ellas debemos observar el recorrido que el producto sigue hasta llegar al producto final, o sea el automóvil. Esta perspectiva nos permite ver lo que sucede en los procesos de nuestros clientes (que será la siguiente etapa) y entendiéndolos a ellos podremos generar procesos de valor.

Hoy existen muchas ineficiencias en todas las cadenas o procesos y es sólo cuando las comprendemos que es posible encontrar una oportunidad de negocios o detectar la alerta de peligro por un cambio en los hábitos del consumidor (materiales más ligeros y eficientes, combustibles más ecológicos, mandos auditivos, sistemas anticolisión, etcétera).

Un fabricante de bolsas de plástico para supermercados que no vea a sus clientes, a sus consumidores, a la sociedad y entienda el riesgo ecológico que su producto genera, nunca estará preparado para responder con innovación. Él se definirá como productor de bolsas de plástico y no como soluciones de empaque al consumidor; algún día se levantará con la noticia de que sus productos simplemente fueron cancelados y retirados del mercado. Éstas, como muchas otras historias de obsolescencia, aparecen a diario.

Kodak nunca vio que el consumidor prefería poder tomar y archivar sus fotos sin pasar por el proceso complejo y costoso de revelado que ellos les ofrecían. Ellos no quisieron ver al consumidor y siguieron siendo líderes de un mercado en proceso de desaparición.

El primer paso es tener un mapa del proceso de nuestros distintos clientes hasta llegar al consumidor final. En este análisis notaremos que hay muchos tipos de clientes con diferentes necesidades. Esto nos llevará a entender cómo debemos organizarnos internamente para tener en cuenta distintas necesidades o seleccionar los mercados a los que queremos enfocarnos.

2. *Procesos de clientes/consumidores.* En esta etapa debemos ponernos en los pies de nuestros distintos clientes y preguntarnos cuáles son los procesos que ellos realizan dentro de sus negocios o qué proceso sigue el consumidor para hacer su compra.

Hagamos un ejemplo hipotético para entender cómo funciona este paso. Pensemos en un producto de consumo que pasa por un comerciante que a su vez lo lleva al consumidor final. Para este comerciante existen cuatro procesos básicos en su negocio:

a) Exhibición y atención al cliente/consumidor. Dentro de este proceso hay varios subprocesos: atención a sus clientes, desarrollo de nuevos clientes, conocimiento del consumidor, exhibición y diseño de su establecimiento, etcétera.

b) Capacitación y desarrollo. Aquí entran el desarrollo de infraestructura tecnológica y la capacitación de su gente.

c) Estrategia y negociación de compra. Los subprocesos podrían ser: definición de productos a vender, negociación de compra, estrategias de venta, planeación financiera, planeación estratégica, promoción y mercadeo, fortalecimiento de imagen, estrategia de precios, desarrollo de productos, etcétera.

d) Pedido, abasto, manejo y pago. Abasto de producto, manejo y almacenaje, operación financiera, ejecución de acuerdos, administración de transporte, etcétera.

Ahora veamos la perspectiva del consumidor final y los procesos que realiza para la compra de un producto:

a) Compra del consumidor. Planeación de la compra, decisión de compra, satisfacer a otros, etcétera.

135

b) Manejo, conservación y almacenaje del producto.

c) Consumo.

d) Formación de hábitos. Creación de lealtad.

3. *Identificacion de entradas y salidas* (para el cliente). En esta etapa hay que identificar las expectativas de los clientes para cada proceso y con base en ello definir las entradas necesarios para que dentro del proceso se logren esos resultados esperados.

En forma coloquial, si el proceso fuera hacer un pastel, el producto esperado sería un pastel delicioso y las entradas serían los ingredientes y materiales.

Veamos unos ejemplos de dos de los subprocesos mencionados:

En el área comercial, existe un subproceso de gran importancia, que es la atención a sus clientes. Veamos qué entradas y salidas tendríamos que tomar en cuenta:

Cuadro 7.7. Procesos centrados en el cliente

Uno se preguntará: ¿para qué todo este análisis? La respuesta es: para dar valor a nuestros clientes y consumidores.

Cuando nosotros veamos todas las entradas de los procesos que realizan nuestros clientes, comenzaremos a detectar qué es lo que aprecian y qué es justamente lo que nosotros debemos ofrecerles.

Nos daremos cuenta de que hay muchas cosas que nuestros clientes valoran y que nosotros no se las proveemos porque ni siquiera sabíamos que eran importantes o simplemente considerábamos que no eran parte de nuestro negocio.

Déjenme dar un ejemplo. En la empresa galletera donde trabajé encontramos que los clientes mayoristas necesitaban entrenar a su fuerza de ventas para lograr consumidores finales satisfechos. Nos dimos cuenta de que a nivel interno teníamos un grupo muy bien entrenado para esa labor y decidimos ofrecerles este servicio sin ningún costo. Ellos apreciaron este valor agregado que nadie más les ofrecía y nos recompensaron con su lealtad, lo que al final resultó en importantes ganancias de participación de mercados a un costo muy reducido.

También encontramos que en el subproceso de negociación de compra, ellos esperaban lograr un manejo eficiente de su capital de trabajo; vimos que tenían un alto inventario y nos ofrecimos a reducirlo a la mitad si nos dejaban controlarlo, dándonos visibilidad de la información. Anteriormente, a nuestra fuerza de ventas la medíamos cada mes por las ventas y ellos fueron presionando los inventarios de los clientes para lograr sus cuotas. Al entender a los clientes cambiamos la forma de medir a nuestra fuerza de ventas y los resultados fueron sorprendentes.

Estos dos ejemplos muestran la diferencia entre una empresa funcional y una centrada en el cliente.

En el proceso del consumidor hay un subproceso que es la decisión de compra. En el siguiente cuadro, veremos algunas de las entradas y salidas que los clientes analizan antes de elegir un producto o servicio:

Cuadro 7.8. Subproceso: decisión de compra

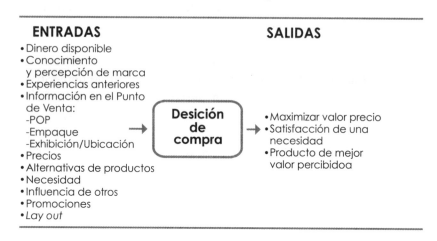

ENTRADAS	SALIDAS

• Dinero disponible
• Conocimiento y percepción de marca
• Experiencias anteriores
• Información en el Punto de Venta:
  -POP
  -Empaque
  -Exhibición/Ubicación
• Precios
• Alternativas de productos
• Necesidad
• Influencia de otros
• Promociones
• *Lay out*
	Desición de compra → • Maximizar valor precio
	• Satisfacción de una necesidad
	• Producto de mejor valor percibidoa

Muchas de las *entradas* que el consumidor requiere para tomar su decisión de compra serán las *salidas* de los procesos que tendremos en nuestra empresa, porque esto es lo que ellos necesitan y valoran. Si él requiere satisfacer una necesidad con un producto que cueste menos del valor que percibe, tendremos que darle lo que necesita para la toma de sus decisiones

4. *Identificación de los procesos centrados en el cliente.* En este paso hay que evaluar todas aquellas cosas que los clientes requieren para sus procesos de negocios y que deberían ser parte de los procesos de la compañía.

Aquí es donde la creatividad puede ayudarnos a diferenciarnos de cualquier competidor a través de ofrecer servicios que nadie les da y que los sorprenderán. Esta lista de sus necesidades, la podemos ir agrupando para formar los procesos centrados en el cliente que al final formarán la esencia de la estructura organizacional de nuestra empresa.

En el ejemplo que vimos tendríamos tres procesos de valor para nuestra empresa:

Cuadro 7.9. Procesos y subprocesos de valor al cliente

Cautivar al consumidor
- Diseño de empaques
- Creación de imagen y marcas
- Estrategia de precios
- Atención y servicio al consumidor
- Desarrollo de productos superiores
- Estimulación al consumo
- Apoyo a la comunidad

Desarrollo del cliente
- Atención y desarrollo del cliente
- Desarrollo de la categoría
- Estimulación de la venta
- Prospectación y diseño del servicio
- Asesoría en mejores prácticas
- Planeación de la demanda

Servicio al cliente
- Administración de inventarios
- Manufactura
- Atención y servicio al cliente
- Orden a cobro

Lo primero que notaremos será la diferencia de los nombres de los procesos comparativamente contra una empresa funcional. Éstos le dan un significado más claro a los objetivos del trabajo al tener siempre las palabras *cliente* o *consumidor*, pues al final son ellos la razón de ser de la empresa.

Cuadro 7.10. Empresa tradicional contra Empresa por procesos

Empresa tradicional	Empresa por procesos
Mercadotecnia	> Cautivar al consumidor
Logística	> Servicio al cliente
Ventas	> Desarrollo del cliente

5. *Definición de procesos habilitadores y rectores.* Los procesos habilitadores son aquellos que fortalecen, apoyan o dan herramientas a más de una de las fases productivas. Por sí mismos no son valiosos para el cliente, pero contribuyen a la generación de valor en el producto final. Su principal objetivo es hacerlos muy eficientes y si es

conveniente buscar quién los puede hacer por nosotros en forma más productiva.

En nuestro ejemplo podríamos tener los siguientes:

- *Soporte a la toma de decisiones:* que incluye consolidar y proveer información para tomar decisiones.

- *Desarrollo de capital humano:* captar, desarrollar gente y proveer servicios al personal.

- *Negociación de abasto:* estrategia y negociación de compras.

- *Inteligencia de mercado:* entender al consumidor y al cliente, sus cambios de hábitos y qué está haciendo la competencia local y global.

Los procesos rectores son los que dan guía, rumbo y dirección al negocio. Son los que cuidan que la empresa evolucione a la velocidad del cambio del medio ambiente.

Ejemplo:

- *Planeación estratégica.* Evaluación de escenarios y apoyo a la toma de decisiones.

- *Desarrollo de nuevos negocios.* Evaluación de nuevas oportunidades de expansión alineadas a la visión.

- *Transformación del negocio.* Tecnología de información, mejora continua, reingeniería, transformación cultural.

6. *Mapa de procesos.* El mapa de procesos es una representación gráfica de lo que será la organización; está alineado a la visión y estrategia y pone en la cima al cliente/consumidor como la parte más importante y no a los jefes funcionales, como están en una *estructura tradicional.*

Cuadro 7.11. Mapa de procesos

Tener un mapa de procesos nos ayuda a entender nuestra razón de ser y genera un cambio fundamental en los títulos de los procesos contra una organización funcional. La función de finanzas generalmente tiene una connotación asociada al control pero en el mapa anterior observamos que su valor es apoyar los procesos del cliente y por lo tanto la llamamos *soporte a la toma de decisiones*. La información y el control son importantes en tanto sean transformados en herramientas para que la gente de línea tome decisiones. En este contexto serán los usuarios de la información los que evaluarán la gestión de finanzas.

En una empresa tradicional el área de compras gestiona toda la relación con los proveedores pero en una empresa centrada en procesos, ésta se divide en la *negociación de abasto* –como un proceso facilitador– y la gestión diaria con los proveedores que está en el proceso de *servicio al cliente*.

El área de personal que generalmente se encarga de administrar a los empleados, ahora se llamaría Desarrollo de capital humano, dejando muy claro que su valor primordial es el desarrollo profesional y humano de los individuos.

Cambiar nombres de puestos y asignar dueños de procesos es un primer paso que por sí solo empieza a generar el cambio de actitud necesario para una verdadera transformación.

La gente debe saber en qué proceso trabaja y los objetivos y mediciones deben ser iguales para todos ellos. Los títulos jerárquicos deben desaparecer internamente y si se quieren usar, sólo sería para traducir los nombres de las posiciones al *lenguaje tradicional*.

El proceso de evolución de una organización funcional hacia una de procesos centrada en el cliente lleva tiempo y pudiera resumirse en tres fases:

Fase 0: los procesos son invisibles porque no existen en una organización funcional.

Fase 1: seguimos siendo una organización funcional pero empezamos a reconocer que tenemos procesos. Ya no son invisibles y comenzamos a hacer algunas reingenierías de aquellos que presentan mayores oportunidades de éxito y menor complejidad (uno a dos años).

Fase 2: es una organización híbrida en donde tenemos dueños de los procesos, las funciones empiezan a cambiar su rol para ser facilitadoras y entrenadoras de la gente que participará en los procesos de valor (dos a tres años).

Fase 3: etapa de madurez en donde las prioridades funcionales se subordinan a las de los procesos y el poder de la organización lo tiene el cliente a través de los dueños del proceso (tres a cinco años).

Cuadro 7.12. Evolución de una organización de funciones a procesos

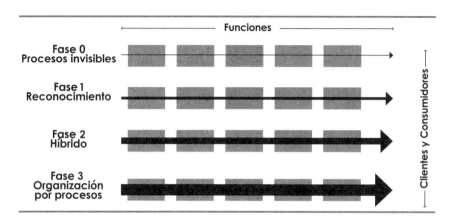

Mucha gente pensará que el tiempo de cambio es muy largo; sin embargo no hay que perder de vista que estamos tratando de cambiar hábitos y creencias arraigados en nuestra cultura desde el siglo XVIII.

Esta segunda fase del proceso VOC (Alinear la Organización) es más compleja que la anterior, pero su implementación es una gran VC, además de que los márgenes de utilidad se llegan a duplicar gracias a la simplificación y el crecimiento acelerado que se genera.

Durante esta etapa lo que esperamos del resto de la organización es:

• Apoyar el trabajo por procesos.

• Asignar la gente que se requiera para el buen funcionamiento de los procesos.

• Subordinar las prioridades funcionales a las prioridades de los procesos.

• Entrenar/capacitar al personal a su cargo para que desarrolle nuevas habilidades.

- Continuar desarrollando el trabajo propio de su función.

Al principio mencionamos que había dos herramientas muy poderosas para Alinear la Organización, una de ellas consiste en organizarla por procesos centrados en el cliente y la segunda en establecer batallas o prioridades que permitan alinear a una empresa y gestar el cambio con pocos objetivos pero relevantes.

2. Enfoque a *batallas*

La fuerza de combinar el enfoque estratégico con el compromiso emocional genera resultados sorprendentes. Todos sabemos que una medalla olímpica, un Oscar o un reconocimiento no monetario perdura de por vida, mientras los monetarios se pierden y devalúan muy rápido.

Peter Killing y Tom Malnight desarrollaron, en 2005, un concepto denominado *must-win battles*. En su libro muestran paso a paso cómo identificar los principales retos de las organizaciones y cómo lograr conectar emocionalmente a los empleados para que los asuman como propios y los hagan realidad. Los líderes tienen la responsabilidad de marcar el camino y lograr el compromiso de su equipo en cuerpo y alma.

Como vimos, una organización tiene muchas estrategias y planes para crear ventajas competitivas. Establecer las *batallas* nos permite hacer un llamado de guerra, de urgencia. Si logramos que toda la organización se comprometa con ellas y ponga su pasión y energía, los resultados serán sorprendentes, pues difícilmente alguien intentará bloquearlas.

Las *batallas* deben crear excitación, emoción y enfocarse a ganar el mercado, los clientes, los consumidores.

Deben ser tangibles y especificas y no ser simples gritos de guerra como: «Vamos a innovar», «Más cerca de los clientes», etcétera.

Las *batallas* deben ir acompañadas de objetivos individuales, incentivos, bonos, premios y, lo más importante, de los recursos necesarios para hacerlas realidad.

Cuando establecemos las batallas, tenemos que tener la gente adecuada al frente de cada una, alineada la organización con recursos y planes específicos. No tenerlos genera confusión, ansiedad, conflicto, frustración y pasos en falso.

Para definir las *batallas* recomiendo seguir los siguientes pasos:

- El líder tiene que reflexionar si tiene las habilidades para un movimiento de esta naturaleza donde se involucran las emociones, pues no estamos hablando de manejar el negocio desde nuestras oficinas. Una vez que se lanza este plan no hay oportunidad de echarse para atrás.

- Hay que entender dónde estamos parados y ser realistas en aquello que queremos lograr. Sabemos que hay riesgo de ganar o perder, pero las *batallas* son acciones de corto plazo que deben tener muy buenas probabilidades de ser logradas si todos nos enfocamos en ellas.

- La forma de seleccionar las *batallas* es con el equipo directivo de primer nivel. Tendrán seguramente una lista larga y tendrán que reducirla hasta tener de tres a cinco.

Los siguientes ejemplos de *batallas* nos pueden ayudar a entenderlas con más claridad:

«Conquistar a los usuarios de renta de videos».

«Recuperar la participación de mercado perdida en los últimos tres años».

«Ser la compañía favorita en opinión de los clientes».

«Regresar a nuestros crecimientos históricos».

«Revitalizar nuestra innovación en el segmento…».

«Expandirnos al mercado asiático».

«Servir a los clientes en la mitad del tiempo actual».

Escoger nuestras batallas es una de las herramientas más efectivas para enfocar a la organización, pues le da credibilidad al líder y le permiten trabajar en otros temas de la transformación mientras la energía emocional de la gente está bien orientada.

Alinear una organización por procesos centrados en el cliente es una de las mejores inversiones pues nos separa de la competencia, haciéndonos esbeltos y ágiles y acercándonos a ser una empresa admirada.

Es mejor una decisión rápida que la mejor decisión tarde.

8 | Alineando la Cultura

Hay dos reglas básicas del cambio:
Es inevitable y todo el mundo se resiste.

En 1955 RCA era el líder en semiconductores con ventas por más del doble de IBM. En 1986 dejó de existir. La compañía falló por su inhabilidad para manejar el choque cultural frente a las amenazas que representó el cambio tecnológico; no pudieron defender lo que se convertiría en una tecnología obsoleta y al mismo tiempo atacar con nuevas tecnologías.

Muchas empresas como ésta fallan porque no anticipan el cambio… por arrogancia y falta de habilidad para lidiar con el cambio cultural.

Cuadro 8.1. Alineando la Cultura

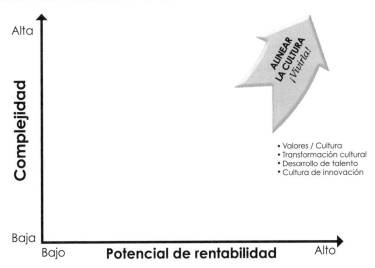

La tercera fase del proceso VOC, Alinear la Cultura, es la más compleja pero también es la que genera mayor satisfacción y beneficios económicos.

Si la tecnología crece en forma exponencial, la obsolescencia del conocimiento lo hace a la misma velocidad. En este contexto, el reto para cualquier compañía es ser una organización que aprenda y se reinvente todos los días.

Pero, ¿cómo lograrlo cuando el ser humano por naturaleza se resiste a cambiar sus hábitos?

Ser una empresa admirada requiere de una cultura de cooperación, compromiso e innovación y esto sólo se logra si la gente está conectada y comprometida con la empresa para la que trabaja. Se necesita un ambiente de trabajo agradable en donde se tenga la libertad para desarrollar el talento y puedan decir con orgullo: «mi empresa es el mejor lugar para trabajar».

Peter Senge dice que la velocidad con la que una organización aprenda determinará sus ventajas competitivas. O dicho de otra forma, si la velocidad del cambio en el entorno es mayor que el ritmo de cambio interno de la organización, el final está cerca.

Nadie duda que los trabajos serán más complejos, más retadores, pero sobre todo, que requerirán de más autonomía para dar velocidad a las decisiones y responder más rápido al cliente-consumidor.

En ese contexto, tenemos que transformar la cultura que da vida a la organización. Todos los miembros deben entender cuáles serán los principios que se desean implementar y así lograr la congruencia entre el decir y el actuar (*walk the talk*).

Alinear la cultura al nuevo ambiente competitivo, implica hacer correctivos en: la organización, la tecnología, los procesos, los factores ambientales en centros de trabajo, la cultura y comportamientos humanos.

No se trata de avanzar en unos y dejar pendientes los otros, pues son temas interdependientes en los cuales unos dependen de otros. Por ejemplo, si decimos que nuestra cultura es innovadora y los sistemas de recompensa no los premian o el ambiente de trabajo es de mucha sobriedad o las oficinas no fomentan el trabajo colaborativo, etcétera.

Cuadro 8.2. Requisitos para alinear la cultura

Decíamos que una empresa puede duplicar sus márgenes de utilidad sólo con implementar una organización centrada en los procesos del cliente. Pues bien, si además logra cambiar la cultura, entonces podría triplicar sus márgenes de ganancia contra una empresa que sólo se concentre en la primera fase del proceso VOC: Alinear la Visión.

Muy pocas empresas (menos de 10%) se atreven a cambiar la cultura debido a la resistencia que los líderes tienen; pero tampoco se imaginan que los temas de cultura puedan influir en forma tan significativa en la generación de crecimiento y utilidades. Por el contrario, se piensa que estos cambios pueden «relajar» el ambiente con riesgos importantes para el negocio.

Alinear la Cultura es la fase del proceso que nos permite tener la ventaja competitiva de ser una organización rápida, flexible e innovadora.

Antes de comenzar con la transformación cultural, el primer paso es describir con frases la cultura que deseamos tener y que nos llevará al éxito; podemos llamarlas *conductas aspiradas* porque es probable que cuando las evaluemos estemos muy distantes de vivirlas.

A continuación muestro una lista de algunos principios de una cultura admirada con el objetivo de inspirarte y darte algunas ideas. Cada empresa requiere tener los suyos, pues la cultura es la *huella digital* de la organización: no hay dos iguales. Sugiero tener entre diez y veinte principios para posteriormente evaluarlos del uno al diez (diez significa que ese principio de la cultura se vive intensamente y uno que no está presente).

De los resultados obtenidos saldrá el material de trabajo para enfocarnos en los procesos de transformación. Este ejercicio es una oportunidad para comenzar el cambio y medirlo desde una calificación inicial.

Algunos principios de una cultura deseada:

1. La organización es muy plana y con pocas jerarquías. Las fronteras entre áreas desaparecen y se forman equipos virtuales para dar solución rápida a problemas.

2. La información en línea nos permite conocer al consumidor y al negocio en forma instantánea.

3. La gerencia y supervisión dedica la mayor parte de su tiempo a entrenamiento y educación para motivar y generar autoestima en el personal de línea.

4. Las quejas y recomendaciones del cliente son la base de la mejora continua en productos y servicios.

5. El *outsourcing* y las relaciones con la comunidad académica y nuestros proveedores son una forma común de operar en áreas que pueden ser compartidas y en donde ellos son mejores y más rápidos que nosotros.

6. Los proyectos que eliminan intermediarios y actividades de no valor agregado son los de mayor prioridad.

7. Internet permite a nuestros clientes hacer la mayor parte del trabajo que nosotros hacemos para ellos.

8. Contratamos a personas con pensamiento divergente; de otra forma imitan a todos los demás y no hay nuevas ideas. La diversidad promueve la innovación.

9. Tenemos gente con alta autoestima, que cree en sus ideas a pesar de los rechazos y críticas. En esta organización apreciamos a los protagonistas, no a los espectadores.

10. Animamos a las personas a desafiar a sus jefes y compañeros.

11. Tenemos una cultura que apoya la creatividad y la experimentación. Desarrollamos y probamos muchas ideas para que ganen las mejores.

12. Recompensamos el éxito y también a la gente que falla intentando nuevas ideas.

13. Recompensamos y damos incentivos a los proveedores que nos den ideas ganadoras.

14. Recompensamos las sugerencias, pues queremos que todos expresen su opinión y hagan que las cosas sucedan.

15. Cuando contratamos o promovemos a personas, los demás miembros del equipo tienen la oportunidad de dar su opinión.

16. Construimos una cultura basada en confianza y colaboración. Siempre opinamos y nos aseguramos que nuestra voz sea oída y comunicada con honestidad.

17. Muchas posiciones tienen autoridad, pero presionar a los colaboradores o hacerlos trabajar por miedo no se tolera.

18. Las personas son libres de cambiar y adaptar sus espacios de trabajo como ellos quieren. No tenemos normas al respecto y no queremos tenerlas.

19. Todas las transacciones de papel se hacen electrónicas, reduciendo tiempo de ciclo y procesos.

20. Seleccionamos las ideas de las personas más comprometidas y persuasivas.

21. Castigamos la no-acción y a las personas que pasan el día hablando de lo que van a hacer y nunca lo hacen.

Estos principios de la cultura en algunas empresas los llaman Manual de supervivencia, para indicar los comportamientos de la cultura que son premiados.

La cultura es muy difícil de cambiar porque implica revisar: roles y autoridad, políticas y protocolos, poder y reglas de jerarquía, lenguaje, normas y valores, oficinas y ornamentos, métricas y recompensas, etcétera.

Cuando analizamos el clima de la organización también encontramos enormes brechas en temas centrales tales como: calidad de vida, compensación y beneficios, capacitación y desarrollo de personal, inclusión y diversidad, comunicación y reconocimiento, y responsabilidad social.

Todo ello nos lleva a buscar empleados y trabajadores con habilidades que antes no eran necesarias.

Alinear la Cultura implica cambios de paradigmas que son difíciles de desterrar.

Algunos de ellos son:

Cuadro 8.3. Paradigmas a romper

De	Hacia
• Gerencia por control	• Liderazgo por compromiso
• Orientación de la tarea	• Orientación de procesos al cliente
• Decisiones impuestas	• Decisiones por consenso
• Trabajo individual	• Trabajo en equipo
• Estructuras rígidas y jerárquicas	• Estructuras planas y flexibles
• El problema es la gente	• Los problemas son los sistemas y la solución es la gente

Para dar algunas sugerencias concretas, he dividido los temas de cultura en cuatro grandes bloques:

1. Valores y cultura

2. Transformación cultural

3. Desarrollo del talento

4. Cultura de innovación

1. Valores y cultura

Los valores de una organización son el pegamento que aglutina a las personas con ideas diferentes. Los miembros se unen a través de un código de valores que todos adoptan y viven con el ejemplo.

Hoy las empresas requieren de un grupo diverso de personas que piensen en forma diferente con el fin de enriquecer las ideas, pero que a la vez estén unidas por la visión y los valores de la organización.

Generalmente los valores nos unen, pues es difícil no estar de acuerdo con ellos, y nos permiten actuar con libertad dentro de la empresa. El problema comienza cuando los valores que se pregonan no se viven con el ejemplo o no existen consecuencias graves para aquellos que los violan.

¿Cuántas empresas dicen que el servicio al cliente es uno de sus valores pero cuando un empleado de ventas está atendiendo a un cliente y le llama su jefe deja al cliente por atenderlo? Simplemente ese valor no se vive, aunque esté escrito.

En una ocasión tuve la oportunidad de viajar con el equipo directivo para felicitar a la división de ventas que había obtenido el primer lugar. Al estar ahí, se me acercó un grupo de empleados para comentarme sobre el maltrato que recibían de parte del líder de ventas. En ese momento me enfrenté a un gran dilema: por un lado los resultados de la división eran excelentes, pero por otro había una violación grave a uno de los seis valores que teníamos sobre nuestra gente. Al pensar en los valores, la decisión entonces fue fácil: despedir a ese líder número uno en ventas.

A partir de esa triste experiencia la gente creyó en los valores y empezó poco a poco a vivirlos, gestando así un cambio cultural y una forma diferente en la convivencia en la empresa. Los valores nos permiten que la gente pueda tomar decisiones con rapidez, pues ellos son la parte más importante de la cultura.

En el ejemplo que mencioné, el vendedor sabe que el servicio al cliente es uno de los valores, por lo tanto, si le llama su jefe ya tiene elementos para decirle que lo llamará más tarde (después de finalizar con el cliente). Si alguien le reclamara, él diría que actuó en congruencia con los valores de la empresa.

Si establecemos el valor de la «austeridad» y los directivos muestran incongruencia en cómo gastan y despilfarran recursos, nadie los respetará y ese valor no será parte de la cultura de la empresa, a pesar de tenerlo por escrito.

Jerry Porras nos dice en su libro *Built to Last* que las empresas que han sido exitosas en un horizonte de largo plazo tienen en común sólo dos que han permanecido en el tiempo: una visión de largo plazo y valores. Todo lo demás fue y ha sido sujeto a cuestionamientos y cambios. Disney, por ejemplo, ha seguido fiel a su visión de hacer feliz a la gente y sus valores reflejan las conductas distintivas que la han hecho una compañía tan exitosa.

Un país sin valores está perdido. Pensemos en Japón, ¿cuáles son sus valores? Puntualidad, honradez, mejora continua, *justo a tiempo*, entre otros; esos son los distintivos que los hacen exitosos. En una ocasión visité una fábrica de nuestra empresa en este país y en la bodega no encontré inventario de materiales de empaque. Cuando cuestioné el nivel de inventario me indicaron que sólo tenían para cinco horas. Mi primera reacción fue preguntar: ¿qué pasa si no les llega a tiempo? Me vieron con sorpresa y la respuesta fue: ¿por qué creer que no llegará? El supervisor, en los años que llevaba, nunca había experimentado tal situación.

De regreso al hotel estaba lloviendo y tomamos un paraguas en la estación del metro que debíamos devolver al siguiente día… ¡No lo podía creer! y entonces el japonés que me acompañaba me retó a dejar algo personal en el vagón del metro para demostrarme que nadie lo robaría. Me preguntó sobre lo que pasaría en México cuando se encuentra algo que no es suyo; yo le contesté que la probabilidad de encontrarlo era muy baja porque en nuestra cultura, generalmente «lo que te encuentras es tuyo».

Un país pequeño como Japón, sin muchos recursos naturales, llegó a ser la economía número dos del mundo basado en sus valores y el respeto a ellos. Esa es la fuerza de tener y vivir valores. ¿Cuáles son los valores de México? Si no los tenemos enunciados y los evaluamos, difícilmente podremos hacer planes y programas para mejorarlos y castigar a quien no los viva.

Para establecer los valores sugiero seguir las siguientes reglas:

- Que no sean más de cinco o seis, porque en cada uno de ellos estableceremos de tres a cuatro conductas. Así tendremos quince a veinte reactivos con los cuales deberemos trabajar.

- Al seleccionar los valores debemos cuidar no poner aquellos que son universales y que todas las empresas tienen, pues perderemos la oportunidad de ser únicos y distintivos. Los valores deben reflejar aquello que nos ayuda a lograr la estrategia, ganar los mercados y a la competencia. Ejemplo: honradez, todos la queremos pero ésta debe ser una obligación para cualquier compañía y posiblemente no sea necesario ponerlo en forma explícita. Por el contrario, servicio al cliente es toda una filosofía que pocas empresas practican y que se alinea a la estrategia.

- Si la empresa ya existe, hay que preguntar en forma espontánea cuáles son los valores que se practican y que son parte de la cultura. De esa lista escojamos los que queremos conservar en forma explícita porque apoyan la estrategia.

- Empezar por hacer una lista con el equipo directivo, revisando primero las ventajas competitivas que se establecieron y preguntar ¿qué tipo de valores nos ayudarán? Por otro lado, si sabemos que la velocidad e innovación son dos de los detonadores de la nueva economía, ver si algún valor puede ayudarnos a este fin. De la lista, elegir idealmente cinco o seis y cuidar no pasar de ese número. Al ver la lista hay que asegurar que estén representados el cliente, el consumidor y los empleados.

La siguiente lista nos dará idea de algunos valores que pueden ser interesantes a evaluar, sin perder de vista que cada empresa debe tener sus distintivos: innovación, servicio al cliente, integridad, responsabilidad y confianza, cuidar a nuestros clientes, vender productos de los cuales nos sintamos orgullosos, trabajo en equipo e inclusión, balance entre el corto y largo plazo, hablar con honestidad y franqueza, respetar el medio ambiente, pasión por crecer, ejecución de excelencia, adueñarse de los resultados, austeridad, persistencia, competitividad, apertura al cambio, puntualidad y confiabilidad, etcétera.

Una vez que tengamos nuestra lista, hay que anotar en una frase corta las tres conductas que nos gustaría ver para cada uno de esos valores para dejar claro su significado. Ejemplos:

Cuidar a nuestros clientes

• Nos impulsa un espíritu competitivo, orientado a solucionar problemas de nuestros clientes.

• Nuestro éxito depende de un total conocimiento de nuestros clientes y consumidores.

• Nuestra prioridad número uno es atender a nuestros clientes en forma inmediata y dejar todo por servirles.

Personas capaces y facultadas

• Tenemos libertad para actuar, pensar y sugerir ideas.

• Nos expresamos con franqueza, honestidad y claridad.

• Fomentamos un ambiente de trabajo con diversidad de pensamientos y personas, que nos permite impulsar la innovación.

Con estas frases hagamos una encuesta entre todo el personal donde pongamos una calificación de diez si ese valor se vive intensamente y uno si está ausente. De esta encuesta obtendremos un gran material para poder reforzar aquellos valores en donde estamos bien y trabajar los aspectos débiles. Hay que procurar reforzar y premiar las buenas acciones, pero también aplicar castigos y sanciones cuando se violen los valores.

Por ejemplo, una vez al año podemos tener el Día de los Valores y ese día cada empleado puede elegir a las personas que representan alguno de los valores de la empresa y llevarles una tarjeta (previamente elaborada) con un globo o un chocolate a su estación de trabajo con una nota firmada por él o ella. El recibir una o varias de estas tarjetas es una gran motivación, además de saber el valor por el que lo reconocen. Aquel que no recibe ninguna tarjeta seguramente intentará modificar su conducta para el siguiente año. Ésta es tan sólo una de las muchas ideas que nacerán de la gente y del comité de transformación cultural del que hablaremos más adelante.

2. Transformación cultural

Lograr una transformación cultural implica mucho esfuerzo y tiempo del equipo directivo, que generalmente es difícil de encontrar por las presiones del trabajo diario. Lo urgente siempre llena nuestras agendas.

Alinear la Cultura es muy importante pero no es urgente, pues como decíamos al principio, pocas empresas lo logran y por lo tanto pareciera no ser necesario para el adecuado funcionamiento de la organización.

La resistencia al cambio es directamente proporcional al nivel jerárquico que se tiene, o dicho de otra manera, mientras más alto se está en el organigrama mayor es la resistencia que se genera.

Ser una empresa admirada implica ser el mejor y más innovador lugar para trabajar. Para ello requerimos ser rápidos en la toma de decisiones, flexibles, ceder el poder al cliente o consumidor y ser una organización con una cultura de innovación que promueva el desarrollo humano y profesional.

Esto suena bonito y deseable, pero las preguntas que todos se hacen son: ¿por dónde comenzar? y ¿de dónde sacar el tiempo para enfrentar un reto de esta magnitud?

Toda la organización debe ser parte de este proceso de cambio, pero se inicia con el grupo directivo. La primera recomendación es nunca tratar estos temas al mismo tiempo que la agenda normal del negocio pues requieren de reflexión y discusión, y como generalmente se dejan al final de la lista son los que no se revisan por no ser considerados urgentes.

Otra recomendación es formar con el grupo directivo un Comité de transformación cultural; mientras más reducido sea el grupo, más fácil será ponerse de acuerdo, pero no se puede dejar fuera de este proceso a nadie del primer nivel de una empresa.

La frecuencia de reuniones deberá ser de cuatro a cinco veces en el año y con una duración de cinco a ocho horas. Pedir más a un grupo no es realista, por todo lo que implica la implementación de las decisiones que se toman en estas reuniones.

Para arrancar tenemos que partir de información; una de nuestras fuentes es la encuesta de cómo se viven nuestros valores. Sin embargo, una encuesta de clima organizacional es indispensable para saber el estado que guarda la empresa en temas diversos como: compañía, puesto actual y carrera, clima organizacional, compensación y beneficios, entorno del trabajo y calidad en la gerencia.

Al final del libro, en el Anexo 4, aparece un ejemplo de una encuesta. Cada empresa lo debe adaptar a sus necesidades específicas y definir el número de preguntas en función del nivel de detalle que requieren.

Algunos de los temas que deben estar incluidos en las preguntas para entender el nivel de comprensión e involucramiento del personal son:

- Compañía: comunicación, estrategia, cultura, diversidad, marcas y productos, calidad del equipo directivo y estructura.

- Puesto actual y carrera: claridad de roles, orientación al desarrollo, oportunidades de crecimiento, reconocimiento, recompensas, trabajo en equipo, entrenamiento y poder para decidir.

- Clima organizacional: compromiso, orgullo y satisfacción en general.

- Compensación y beneficios: beneficios, compensación en general y sueldo base.

- Entorno del trabajo: entorno flexible del trabajo, procesos de recursos humanos, seguridad, tecnología, herramientas y lugar de trabajo.

- Calidad en la gerencia: desarrollo de talento, comunicación productiva, inclusión, innovación, motivación a otros y congruencia.

Lo primero que encontraremos al hacer la primera encuesta es la creación de expectativas, pues la gente lo verá como una gran oportunidad de expresarse y en algunos casos lo reflejará con malas calificaciones. El primer compromiso que se tiene que hacer es que los resultados se compartirán por grupos naturales de trabajo para poder crear planes de acción concretos.

Las reuniones para compartir la información deben ser presididas por el líder o líderes de ese grupo para al final establecer algunos objetivos concretos que ayuden a mejorar los resultados en las áreas que estén bajo su responsabilidad y dejar claro que otros temas fuera de su control serán abordados por el Comité de transformación cultural. Los acuerdos deben tener un responsable (algún voluntario del mismo grupo). Los acuerdos deben pegarse en un lugar visible para reforzar el mensaje entre todo el grupo.

En la primera reunión del Comité de transformación cultural se debe revisar la encuesta e intentar clasificarla por temas para poder asignar algunas responsabilidades entre los miembros del comité. Vamos a encontrar brechas enormes por corregir en temas centrales de: calidad de vida, compensación y beneficios, comunicación, reconocimiento, capacitación, desarrollo personal, inclusión y responsabilidad social.

Debe quedar muy claro que un proceso de transformación cultural no es responsabilidad del área de personal o recursos humanos; es un trabajo de todos.

El asignar tareas por temas al mismo grupo directivo lo compromete y le da el poder para tomar decisiones sobre los temas asignados. Si la empresa es pequeña no será necesario y ahí mismo se podrán tomar las decisiones con mucha facilidad. Mientras más pequeña y nueva sea la empresa, más fácil le será llevar a cabo los cambios.

Pongamos un ejemplo: supongamos que decidimos crear cuatro grupos de trabajo para abordar los siguientes temas: calidad de vida, compensación y beneficios, comunicación y reconocimiento, entrenamiento y desarrollo.

Asignamos a estos temas a las cabezas de: ventas, manufactura, finanzas y *marketing*. Ellos formarán su grupo de trabajo con elementos de diversas áreas incluyendo alguien del área de personal. Se reunirán las veces que sea necesario y tomarán algunas decisiones para corregir temas importantes con la certeza de que tienen el poder que le dio el Comité de transformación para hacer los cambios en toda la empresa.

Habrá algunos temas que llevarán al Comité de transformación cultural cada tres o cuatro meses, con el objeto de buscar alineamiento y apoyo. Esta forma de operar ayuda a eliminar la resistencia, pues involucra a todos, pero al mismo tiempo, el líder o director general tiene que estar preparado para aceptar decisiones que pudieran no ser de su agrado. Los temas que generalmente se abordan al principio son ambientales como: vestimenta, horarios, oficinas, reconocimientos, etcétera. Si se resuelven en forma satisfactoria para la gente, se genera una percepción diferente y la velocidad de cambio comienza a aumentar.

Generalmente la gente piensa que muchos temas son vedados o prohibidos porque así ha sido en el pasado; cuando empiezan a ver cambios y rompimiento de paradigmas se genera una sensación maravillosa de mejora en la satisfacción en el trabajo y aumentos de productividad y compromiso. Al mismo tiempo la empresa se vuelve un lugar más atractivo para atraer buen talento y esta es la materia prima más escasa del planeta.

El reconocimiento es muy importante para ir creando una nueva cultura. En este sentido debemos empezar a crear premios instantáneos y premios institucionales que refuercen principalmente los valores y las ventajas competitivas, pues son ellos los motores del éxito en un negocio.

3. Desarrollo de talento

Cuando Einstein murió, el 18 de abril de 1955, en Princeton, extrajeron su cerebro para estudios científicos. La gran sorpresa fue que éste era normal y similar al de cualquier otra persona; sólo encontraron una peculiaridad: el músculo de la región inferior parietal estaba más usado y es ahí en donde se controla el pensamiento matemático. Conclusión: no hay nada especial en los genios, sólo hay que trabajar y hacer nuestro mejor esfuerzo.

El cerebro es un músculo que debe ser ejercitado, pero generalmente nos morimos y lo dejamos como nuevo. Ésta fue la conclusión principal del estudio del cerebro de Einstein: todos tenemos un gran potencial pero tenemos que desarrollarlo. Ésta es una responsabilidad individual y las empresas podemos generar las condiciones propicias para ello.

En una encuesta a empresas globales, 76% indicó una gran dificultad por encontrar líderes y al mismo tiempo piensan que trabajadores con conocimientos y liderazgo serán la ventaja competitiva más importante hacia 2020.

Los líderes de las empresas admiradas son personas con habilidades y potencial que nos permiten exceder nuestros resultados. Sin embargo no es fácil mantener *gente buena*, pues ellos requieren un plan de carrera claro y una cultura en donde se les trate tan bien que les sea difícil dejar a la empresa.

Desarrollar el talento es la prioridad número uno de cualquier líder; tener dos o tres reemplazos listos para su puesto debe ser su principal objetivo. Sin embargo, para muchos líderes que desean perpetuarse en el puesto, esto parece ser una amenaza y se rodean de personas con menores capacidades que ellos, además de encargarse de que no desarrollen sus habilidades.

Si un líder no logra hacer de gente ordinaria gente extraordinaria, está fallando en su responsabilidad principal y debemos detectarlo rápidamente; pues aunque en el corto plazo dé resultados, su permanencia es dañina para la sostenibilidad de la empresa en el largo plazo.

Estos líderes son peligrosos pero son también fáciles de detectar; se hacen parecer indispensables y bloquean el desarrollo del talento. Cada día tenemos más ejemplos de líderes que dejan empresas y cuyos reemplazos tienen que ser contratados en forma externa.

Veamos algunas recomendaciones muy concretas para mejorar nuestro talento:

1. Formato objetivos anuales. Toda persona debe tener este formato sencillo de sus objetivos anuales; éste nos permite darle una retroalimentación por su desempeño, premiarlo y establecer los objetivos para el siguiente año. Es recomendable que los objetivos sean precisos en métricas y fechas y que se puedan dividir en los siguientes temas:

- Prioridades del negocio base: aquí se incluyen los resultados del negocio y los que la persona puede impactar.

- Transformación y cambio: incluye los cambios con sus respectivos beneficios que realizará la persona. Aquí pueden estar nuevos métodos de trabajo que mejoren la eficiencia y tiempo de ciclo, nuevos negocios, reingeniería de procesos, etcétera.

- Desarrollo del talento: contempla lo que hará la persona para desarrollar a su equipo y el apoyo a la cultura y a un buen ambiente de trabajo.

- Desarrollo personal: incluye los planes específicos para que pueda mejorar sus habilidades y conductas, utilizando el estudio 360° que más adelante explicaré.

Los dos primeros temas se pueden clasificar como de negocio y los últimos dos de gente. Es recomendable que nunca se utilicen más de dos hojas y que de un lado se presenten los objetivos y del otro lado los resultados (Anexo 5). A mitad del año, el jefe debía hacer una revisión con la persona para calibrar el avance de los resultados y hacer ajustes si fuera necesario.

Una empresa admirada le da una ponderación igual 50-50% al tema gente y al de negocio. Hacerlo así, es ser congruente pues el tema de talento, su desarrollo y su retención son fundamentales para el éxito de la compañía.

La compensación es un elemento importante en una empresa admirada y mientras más variable la podamos hacer, mayor libertad daremos a la gente para que decida lo que quiere ganar y así incentivaremos una cultura que comparta los resultados con su gente.

Para los líderes, existen los bonos anuales alineados a su contribución. Estos bonos deben ser superiores al mercado si queremos diferenciarnos y obtener resultados extraordinarios. Lo que estamos haciendo es que nuestra gente se alinee al accionista y tenga una cultura más emprendedora que la de un empleado tradicional.

Recuerdo que durante una de mis asignaciones, reté al líder de manufactura a tener compensaciones variables como sucedía en las áreas de ventas. Mi sorpresa fue que al final del proceso las nuevas compensaciones fueron 100% variables y así rompíamos un paradigma. Los pagos quedaron establecidos por kilogramo de producto entregado y había algunos premios o castigos evaluados por ellos mismos por algunas variaciones.

Esta cantidad se les pagaba por línea de producción y eran ellos los que definían cómo la repartían. Ellos definían los horarios de trabajo, la contratación de personal y el número de personas adecuado. Recuerdo una planta que al finalizar el año no quería aceptar el aumento que les ofrecíamos, pues ellos querían ser más baratos en costo que otras plantas para que su planta operara siempre a máxima capacidad.

En la Ciudad de México, cambiaron las jornadas de trabajo incrementado las horas por día y descansando dos días a la semana. El racional era mejorar su calidad de vida e ingresos, pues muchos tenían un segundo trabajo, además de que perdían de tres a cuatro horas en transporte diario.

2. Perfil individual. Tener una hoja con el perfil individual de cada individuo nos permite tener, de forma resumida, un documento base para las discusiones sobre su plan de carrera. En el Anexo 6 hay un ejemplo que puede ayudar. La información que se incluye en forma simplificada es la siguiente:

- Educación: sólo incluir los grados mayores de licenciatura, indicando escuela, año y grado.

- Resultados de su 360°: para todo ejecutivo que tenga responsabilidad de líder debería hacerse este estudio cada dos años. Es una evaluación anónima de sus subordinados, de su jefe, de sus compañeros y de él mismo.

Es un estudio de percepciones donde se evalúan temas de: su proceso de planeación, ejecución, liderazgo, desarrollo de gente, comunicación, integridad, congruencia entre el decir y hacer y conocimiento de su puesto. Este estudio debe de verse como un regalo y se convertirá en la base para que su jefe y él o ella puedan establecer un plan anual de desarrollo y plasmarlo en el Anexo 5 (formato Objetivos anuales). En la hoja resumida sólo se incluyen las dos mayores fortalezas de esta persona y dos áreas de oportunidad.

3. Formato de talento. Cada año el equipo directivo debería tener una reunión para revisar el Plan de gente (*People Plan*), evaluar su talento y tomar acciones al respecto. En una matriz se coloca a los empleados por niveles de la organización y/o por procesos en un formato que da una visibilidad inmediata sobre los huecos y la toma de decisiones sobre desempeño.

Una forma simple es poner en un eje el potencial de la gente y en el otro eje el desempeño en el año. Hay gente que pudo tener un mal año, pero que puede tener un gran potencial. Un líder debe tener visión de largo plazo para conservar y motivar a la gente talentosa.

Cuadro 8.4. Evaluación de potencial contra desempeño

POTENCIAL	Alto	Empleado 1			
	Medio		Empleado 2		
	Bajo			Empleado 3	
	Problema				Empleado 4
		Abajo de Plan	En Plan	Arriba de Plan	Excelente
		DESEMPEÑO			

Cada empresa debe establecer las clasificaciones de potencial y desempeño siguiendo los métodos con los que ya evalúan, pero algunas recomendaciones serían las siguientes:

- **Potencial**: tener claridad sobre los diferentes niveles de potencial. Es muy importante que todos los altos directivos decidan por unanimidad.

- «Potencial alto». Una buena regla es que la persona haya demostrado que puede subir dos niveles en la escala organizacional. Este grupo nunca debe exceder 10% del total de los empleados, pues requieren un trato especial para su desarrollo y merecen recibir compensaciones acordes a su desempeño. Perder a alguno de ellos sería lamentable.

- «Potencial medio». Aquellos que pueden subir un nivel.

- «Potencial bajo». A quien contribuye en su puesto pero no se le ve avanzando.

- «Problema». Gente que está siendo un problema y bloquea a la organización. Discutir este grupo es importante pues están usando posiciones para crecer el personal y traer nuevo talento.

- **Desempeño**: es la ultima calificación del individuo, respecto a sus objetivos anuales.

- «Excelente». Aquel que excedió todos sus objetivos y de los cuales no debe haber más de 10% (de lo contrario la fijación de objetivos fue poco retadora).

- «Arriba de plan».

- «En plan».

- «Abajo de plan».

El formato de talento, junto con la hoja de Perfil individual, ayudará a los directivos a tomar decisiones con mayor facilidad, pues en un vistazo se observan los huecos y áreas de oportunidad.

4. Formato de banca. Como vimos, *tener banca* (un remplazo listo para el puesto) es la responsabilidad número uno de cada líder, pues implica saber contratar, desarrollar y atraer talento. En la reunión anual del Plan de gente se deben revisar las matrices de banca junto con los formatos de talento. Cuando a una empresa le falta banca debe acelerar su proceso de desarrollo interno o contratar nuevo personal para las posiciones donde exista más bajo potencial y desempeño.

Es importante anotar quién está listo para remplazar inmediatamente al líder. Imaginemos el caso extremo de que un autobús lo atropellara, ¿quién puede tomar el puesto?

Podemos clasificarlos en: listo o en doce meses, entre uno y dos años y entre dos y cinco años. Nuevamente, en los objetivos anuales de cada líder con su gente deberán aparecer objetivos que sean congruentes con estas evaluaciones.

Cuadro 8.5. Formato de banca

Banca	POSICIONES			
	PUESTO 1	PUESTO 2	PUESTO 3	PUESTO 4
Listo o en 12 meses	EMPLEADO 1			
Entre 1 y 2 años		EMPLEADO 2		
Entre 3 y 5 años			EMPLEADO 3	

Debemos cuidar que los planes de desarrollo de gente no se resuelvan con tomar cursos, que siempre parece ser el camino más fácil para evadir la responsabilidad del líder. Está demostrado que entre 60 y 70% del desarrollo se da al exponerlos a experiencias críticas; esto implica rotar a la gente de puestos aun cuando éstos no sean su especialidad.

Recordemos que cualquier director general llegó de algún lado y siempre será mejor que lo haya hecho habiendo estado en dos o tres funciones o procesos. Entre 20 y 30% del desarrollo se da por retroa-limentación, *coaching* y ayuda del líder, y solamente de 10 a 20% con cursos.

Con estas cuatro herramientas (formatos de: objetivos anuales, perfil individual, talento y banca) se puede generar un gran cambio en el talento de una empresa.

El último tema de Alinear la Cultura es el proceso de innovación y está considerado como el ingrediente más importante de la economía moderna; por su importancia le daremos un capítulo especial.

Implementar las mejores prácticas significa replicar el pasado, innovar significa diseñar el futuro.

9

Cultura de innovación

¿Qué es imposible hacer hoy y si lo hiciéramos cambiaría
los fundamentos de nuestro negocio?

¿Te imaginas que los empleados califiquen a sus jefes?, ¿permitir que los empleados puedan decir no a una orden?, ¿invitar a la comunidad externa para que te ayude a desarrollar la estrategia?, ¿dar a un gerente sesenta reportes en línea directa?, ¿permitir a los empleados que subcontraten las partes aburridas de su trabajo?, ¿dejar que empleados de bajo nivel definan normas y políticas de gastos menores como celulares, copiadoras, viajes y papelería; que las implementen sin tu autorización y tú tengas que ser el primero en respetarlas?

Éstas son algunas de las cosas que suceden en una empresa admirada y son las que permiten que los crecimientos y márgenes del negocio superen a los de cualquier competidor. Son estas ideas las que simplifican las organizaciones en estructuras más planas y las que convierten a los jefes en verdaderos *coaches,* o facilitadores de la gente.

Yo viví este proceso en varias ocasiones y es impresionante la generación de productividad, la satisfacción en el trabajo y la pasión con que la gente se conecta al negocio. Estos procesos permiten tener menos supervisión y más empoderamiento (*empowerment*) de la gente a sus resultados. Recuerdo una fábrica que operaba con 200 empleados de línea y treinta supervisores o jefes. Al final del proceso sólo quedaron cinco facilitadores para apoyar a todos los empleados de línea y pasamos de una relación de supervisores de uno a siete empleados a más de treinta por facilitador. En las mañanas los líderes de las líneas de producción se reunían con los facilitadores para indicarles lo que necesitarían de ellos.

Esto puede asustar, pero la razón de contratar gente con mayores competencias es justamente para apoyar, entrenar y motivar a la gente y son ellos los que sabrán lo que necesitan y los mejores para evaluar la gestión del jefe.

Hace unos días, uno de mis hijos que está por salir de la universidad me comentaba los factores que piensa tomar en cuenta para entrar a trabajar. El primero fue el encontrar una empresa que le permita tomar decisiones. Yo que conozco bien la cultura de muchas empresas le mencioné varios nombres y él era el que me respondía: «Ésa no porque es muy jerárquica y sólo los directores toman las decisiones». El segundo factor que mencionó fue el ambiente: clima organizacional, la vestimenta, áreas de trabajo, cultura, etcétera. La parte de sueldo no apareció entre sus prioridades, porque seguramente sabía que ese factor llegaría si se encontraba en una empresa admirada en donde le gustara trabajar y pudiera desarrollar su potencial al máximo.

El mayor riesgo para cualquier empleado es su obsolescencia ante el cambio del conocimiento y si una empresa no le brinda la oportunidad para desarrollarse y aprender nuevas competencias, mejor es dejarla de inmediato: de lo contrario estará fuera del mercado laboral rápidamente.

Yo nací en una generación que se desarrolló en el mundo viejo y la revolución del Internet nos tocó en una etapa avanzada de nuestra vida profesional. Muchos no se actualizaron y al resistirse al cambio, tarde o temprano tuvieron que salir de sus empresas. Muy pocos pudieron volverse a integrar a la fuerza laboral ya que no tenían las competencias y actitudes requeridas.

La innovación está reconocida como el ingrediente más importante en la economía moderna. La falta de una cultura de innovación es mortal para una empresa y sus marcas. Innovación es mucho más que nuevos productos y servicios, es fomentar la realización de grandes cambios tanto en nuestros procesos como en nuestros productos, buscando que sean sostenibles y de valor agregado para nuestros clientes y consumidores.

Hablamos de valor agregado a nuestros clientes... porque ellos sólo están dispuestos a pagar por aquellas operaciones que transforman, convierten o cambian un producto o información. Aquellas operaciones o actividades que consumen tiempo y recursos, pero que no agregan valor al producto son por las que no están dispuestos a pagar.

La palabra innovación es tan importante en el mundo empresarial que tiene interpretaciones tales como:

- El arte, disciplina, creatividad y coraje para reinventarnos.

- La cultura que apoya al emprendedor.

- El ingrediente esencial para el crecimiento.

- La fuente de energía para lograr rapidez y liderazgo en el mercado.

Algunos confunden la creatividad con la innovación y hay una diferencia fundamental: la creatividad se queda a nivel pensamiento y la innovación es hacer realidad las cosas.

Thomas Alva Edison decía: «encuentro lo que el mundo necesita y trato de inventarlo».

Por su parte, Steve Jobs señala a menudo que «la innovación es lo que distingue a los líderes de los seguidores».

Veremos que la innovación es una cultura, no un evento; sin la cultura adecuada la innovación no ocurrirá jamás.

Es curioso que muchos de los innovadores que están revolucionando al mundo y los negocios partieron del mismo punto: arrancaron sin dinero y sin recursos, encontrando soluciones a una oportunidad que generalmente el líder no ofrecía.

La innovación tradicional parte de investigar qué quiere el consumidor y después desarrollar soluciones. Esta forma tiene dos grandes desventajas:

1. Los tiempos de ciclo son muy largos y sin velocidad la innovación pierde sentido.

2. Por otro lado, el consumidor sólo conoce lo que existe: lo que ya está inventado. Pensemos, hace algunos años cuando no existían los celulares, ¿qué hubiera pedido el consumidor? Nunca lo que recibió: fue sorprendido con algo que no esperaba pero que lo cautivó de forma tal que hoy destina gran parte de sus ingresos a él.

Cuando Steve Jobs lanzó el iPod, no le dio al consumidor las 300 canciones que esperaba; ¡le dio 2,000! y en un tamaño menor a los que ofrecían 200 o 300 canciones. No sólo sorprendió al mundo, sino que tres meses después lanzó el modelo de 4,000 canciones. ¿Puede el consumidor pedir lo que no conoce?

Hoy las compañías innovadoras cambian la forma tradicional de investigación de mercados, a la observación de lo que hace el consumidor y cómo vive; pero lo más importante es que están buscando a los innovadores que crean soluciones caseras. Éstos son los pioneros que buscan lo que el mercado no ofrece.

Por ejemplo, todos observamos que la gente pone listones de colores en su equipaje de viaje con el fin de identificarlo en forma rápida. ¿Qué nos está diciendo esto? Que el consumidor quiere equipaje más personalizado, pero seguramente a los fabricantes les crea un problema hacer maletas a la medida. En algún momento alguien las hará.

Sin la cultura adecuada, los innovadores son un problema en las empresas pues buscan romper paradigmas y se salen de las reglas o formas tradicionales de buscar soluciones; trabajan mejor en ambientes de cambio y retan la definición del problema, cambiando así la forma en que el problema normalmente es percibido.

Una compañía innovadora pasa por una serie de etapas que son fácilmente perceptibles:

Cuadro 9.1. Etapas de una compañía innovadora

ETAPA I	ETAPA II	ETAPA III	ETAPA IV
La innovación es lenta y fragmentada	Ágil y rápida en copiar al mercado local	Ágil y rápida en copiar al mundo	Crea soluciones únicas al mundo

Muchos me preguntan cómo saber en qué etapa están y se sorprenden cuando les hago algunas preguntas, de la primera etapa que no pasan:

• ¿Hay entrenamiento para ser un innovador?

• ¿Existe capital semilla para probar ideas de los empleados?

• ¿Cuánto representa la innovación en la evaluación individual de desempeño?

• ¿Cuentan con mentores para innovar?

• ¿Cómo apoya la empresa el proceso de innovación?

1. ¿Qué hacen las compañías innovadoras?

A continuación analizo el proceso de innovación de cinco compañías que se consideran exitosas para detectar en ellas las diferencias y los elementos comunes. Las empresas que seleccioné fueron: Apple, Procter & Gamble, 3M, Google y Sony. Vamos a notar elementos comunes y los toques distintivos que cada una le impone a su cultura:

Apple. Su innovación parte de la cabeza y se enfoca en crear productos nuevos con rapidez. Hay un buen balance entre innovación radical o *blue ocean* (que explicaremos más adelante) y la innovación incremental. La creatividad la genera Steve Jobs y su equipo con base en su intuición y experiencia, más que en la información del consumidor. Los equipos de producto reciben presupuestos anuales y ellos deciden el gasto en innovación. Tienen áreas de oportunidad en la formalización de sus procesos, pero consideran que esto inhibe la creatividad.

> *La innovación viene de toda la gente en los pasillos o a las 11 de la noche.*
>
> STEVE JOBS, PRESIDENTE DE APPLE

Procter & Gamble. La alta dirección lidera la innovación, con enfoque a innovaciones radicales. Tienen un riguroso proceso para el desarrollo de producto denominado *Stage-Gate* que funciona como un embudo donde entran muchos nuevos productos y en el proceso pasan filtros denominados *gates* por lo que terminan con pocos ganadores. Tienen un gran enfoque en observar al consumidor en su vida diaria y los gerentes pasan doce horas al mes en esa actividad. La innovación contribuye 33% de su crecimiento. Tienen un fondo semilla de cien millones de dólares que el equipo de innovación destina a las mejores ideas. Su cultura da reconocimiento a la innovación, tienen un consejo de innovación y tecnología y hay un equipo que lidera este proceso. Cuentan con un programa denominado *My Idea* para que los empleados se conecten a la generación de ideas. La innovación la llevan a cabo 50% de forma interna y 50% en forma externa. Realizan ferias donde el presidente apoya el desarrollo de las tres mejores ideas. Su área de oportunidad: son lentos. Requieren mayor efectividad para coordinarse con el mundo externo. Su formalidad de procesos no les permite desarrollar ideas más radicales.

Innovación es la sangre que nos da vida.

A.G. LAFLEY, EX PRESIDENTE DE P&G

3M. La alta dirección lidera la innovación. Un espíritu emprendedor que le permite a la gente dedicar 15% de su tiempo en proyectos libres. Tolerancia a las fallas. Foros de tecnología y de desarrollo de productos. Reconocimientos formales e informales a individuos y equipos. Capital semilla para las mejores ideas. Procesos sólidos para entender y observar al consumidor. Sus áreas de oportunidad: usar expertos externos e innovar en sus procesos y modelos de negocios.

No puede haber innovación si no permites a la gente que cambie.

J. MCNERNEY, EX PRESIDENTE DE 3M

Sony. La innovación se genera en todos los niveles de la organización. Aceleran la innovación matando productos a la velocidad de los nuevos. Una fuerte cultura abierta a los fracasos. Concursos de innovación. Los empleados pueden trabajar en los proyectos que gusten aun cuando sus jefes no estén de acuerdo. Los directivos presionan a los ingenieros creativos a innovar. Comparten el conocimiento y el sentido común y los usan más que las investigaciones cuantitativas. Sus oportunidades: mayor velocidad en el mercado y mayor entendimiento del consumidor.

Google. Su visión es crear constantemente nuevos *Googlettes* y para ello dan permiso para que 20% de su tiempo lo usen los empleados en lo que quieran. Los proyectos los dividen en grupos de sólo tres y generan una cultura de libertad con mínimas reglas y burocracia.

2. Tipos de innovación y sus resultados

La consultora en innovación Doblin clasificó la innovación en diez tipos y evaluó el número de proyectos y sus resultados en creación de valor en cada tipo.

Los 10 tipos van desde: 1. Modelos de negocios, 2. Redes de negocios, 3. Procesos habilitadores, 4. Procesos centrales, 5. Nuevos productos, 6. Sistemas, 7. Servicio, 8. Entregas, 9. Marcas, 10. Experiencia del cliente.

Al evaluar los proyectos de innovación en una muestra se encontró que la categoría nuevos productos era la innovación más dominante con 41%, seguido de 16% en sistemas. Modelos de negocios y redes de negocios fueron 7%.

Lo alarmante del análisis fue que en la creación de valor en todas las innovaciones, la de nuevos productos solamente generó 3% de las utilidades a pesar de tener 41% de los proyectos. En contraste, los modelos de negocios y las redes de negocios tuvieron 41% de la creación de valor con tan sólo 7% de los proyectos.

Al analizar el total de proyectos encontraron que menos de 2% de los mismos habían generado más de 90% del valor, y que las innovaciones ganadoras fueron aquellas que atacaron al mismo tiempo varios tipos.

Cuando el enfoque era sólo a una, la probabilidad de falla fue muy alta.

Tomemos el ejemplo de Google que ha sido todo un éxito. Su innovación fue el resultado de ocho tipos al mismo tiempo. En Apple sucedió lo mismo, al revolucionar, no sólo el producto, sino también la marca, la forma de comercializar en sus tiendas, la experiencia del consumidor en su tienda virtual, los sistemas y redes con creadores de aplicaciones, etcétera. Starbucks también es toda una experiencia más allá de la venta del café.

3. ¿Cómo ser una compañía innovadora?

Como vimos hay elementos comunes en las distintas empresas innovadoras y muchos modelos y libros que se han escrito sobre el tema. Trataré de elegir aquellos elementos que a mi juicio son los fundamentales para formar una cultura de innovación. Cada uno podrá adaptarlo a sus condiciones, acorde a la filosofía de la innovación que parte de la premisa de pensar diferente y fuera de la caja.

Hay cuatro temas fundamentales que siempre encontraremos en una organización innovadora, partiendo de que existe el compromiso del líder de establecer la innovación como prioridad, dar la dirección estratégica y los recursos necesarios.

1. Establecer una **estructura organizacional** que promueva la colaboración y el liderazgo en innovación.

2. **Educación** al personal sobre técnicas y herramientas para crear innovaciones radicales e incrementales.

3. Establecer los **procesos** para convertir las ideas en resultados medibles y concretos.

4. **Reconocimientos, métricas** y sistemas de recompensa a los resultados de innovación.

Veamos cada uno de ellos en mayor detalle:

3.1. Estructura organizacional

Si el responsable de hacer realidad la cultura de innovación es el director general, éste se debe apoyar en un coordinador de buen nivel que le reporte directamente y cuyo título podría ser Líder de innovación o *Chief Innovation Officer* CIO. Un mensaje de esta naturaleza implica un verdadero compromiso con la creación de una cultura de innovación.

Entre las competencias del CIO se encuentran: facilitar la innovación todo el tiempo y en todos los niveles; conocer de forma global el negocio; inspirar y motivar a otros; tener un liderazgo de *coach*; crear una plataforma que acelere el cambio; liderar los comités de innovación y coordinar los proyectos de *océanos azules*.

Debe quedar claro que no es un recurso adicional de mercadotecnia o investigación de mercados y desarrollo de producto.

La agenda para crear una cultura de innovación es muy amplia y el CIO debe ser un apoyo para todos estos procesos. Habremos de hacer ajustes en la organización para eliminar barreras, entrenar en los procesos de innovación, crear programas de comunicación y de *capital semilla*, diseñar métricas y sistemas de evaluación, ajustar los espacios de oficinas para invitar a la innovación, dar flexibilidad para destinar tiempo a innovar, desarrollar sistemas de información para apoyar el proceso y sistemas de compensación variable, etcétera.

Como líder, se requiere comunicar el *innovation intent* donde se clarifiquen los objetivos y metas y a partir de este punto generar el cambio.

Ejemplo: todos los días nos estamos reinventando. 1. Innovamos en productos y experiencias que nos permiten servir a clientes mejor que nadie. 2. Innovamos en procesos y materiales siempre cuidando el medio ambiente donde vivimos. 3. Innovamos en la forma como manejamos el negocio, fomentamos el desarrollo del talento. 4). Innovamos en modelos de negocio que mejoren nuestros resultados.

Nombrar al CIO y crear un fondo de *capital semilla* son dos de las primeras acciones que empiezan a generar credibilidad de que «el asunto de la innovación» va en serio. Es importante que el fondo tenga una cifra grande, casi nunca se usa porque hay requisitos estrictos para obtenerlo; el mensaje más importante es eliminar el pretexto de que no hay recursos para innovar.

Fondo semilla para *océanos azules*. El primer requisito es que el fondo no se destina a proyectos que mejoren al trabajo actual, sino sólo a aquellos denominados *océanos azules*. Las propuestas se calificarán en función de los siguientes criterios: 1. Alineamiento a la estrategia. 2. Valor al consumidor o generador de velocidad. 3. Valor económico para la empresa (costos, utilidades, capital de trabajo). 4. Diferenciación (diferente, único o simplemente incremental). 5. Soporte a las ventajas competitivas y facilidad de implementación.

Una vez que el director, junto con su comité directivo, aprueban las ideas ganadoras que recibirán fondos, se asigna un líder o mentor para que lo apoye y diseñe un programa de revisión de avances.

Para las innovaciones menores o de mejora continua, se podrá replicar este mecanismo manejado por los responsables de cada proceso para así ir generando una cultura de innovación en todos los niveles de la organización.

3.2. Educación

En una compañía todos deben colaborar en la innovación. El que barre o corta las plantas seguramente puede encontrar formas creativas de hacerlo mejor: puede determinar que algunas zonas se limpien semanalmente y otras a diario, esto aun cuando la orden haya sido limpiar todo diariamente. El que riega los jardines puede analizar cómo hacerlo mejor optimizando el uso del agua. A este tipo de innovación se le llama *incremental* o de *mejora continua*. Por otro lado, a la innovación que implica cambios importantes en la forma en cómo hacemos el negocio se le denomina *radical* y es a ésta a la que el líder debe dedicar la mayor parte de su tiempo.

Es importante entrenar a todo el personal en cómo innovar e incluir en sus objetivos anuales alguna contribución al cambio; por pequeña que ésta sea, es un primer paso.

Seleccioné tres herramientas prácticas y útiles para este fin: 1. *Océanos azules y rojos*, 2. Innovación divergente para hacerla convergente y 3. Creación de *repúblicas*.

Océanos azules y rojos. Chan Kim y Renee Mauborgne publicaron en 2005 un libro llamado *Blue Ocean Strategy* donde nos ayudan a entender la innovación radical (*océanos azules*) al dejar a un lado la competencia destructiva (*océanos rojos*) y nos explican cómo hacer a la competencia irrelevante por medio de un salto de valor.

Pensemos en un nuevo producto introducido con éxito que se mueve en aguas azules y tranquilas. A través del tiempo atrae imitadores y posteriormente aparecen depredadores que atacan con precios bajos. Estos *tiburones* terminan destruyendo la industria *azul* convirtiéndola en un *océano rojo*.

Crear *océanos azules* requiere buscar nuevas soluciones de valor a los clientes, retar los procesos actuales, entender a los no-consumidores o clientes insatisfechos con nuestros productos y crear para ellos una propuesta de mayor valor al precio que se establecerá.

Toda empresa innovadora tiene que tener algunos proyectos *océano azul* al mismo tiempo que mantiene la innovación incremental. Pero, para saber cuáles son *azules* debemos responder las siguientes preguntas:

- ¿Tiene el poder de cambiar las expectativas tradicionales de los clientes?

- ¿Tiene la capacidad de cambiar las ventajas competitivas del mercado?

- ¿Tiene la fuerza suficiente para cambiar las reglas del juego?

Las innovaciones *océano azul* representan menos de 14% de los proyectos de innovación pero generan 61% del impacto en utilidades.

Cuadro 9.2. *Océanos rojos* y *Océanos azules*

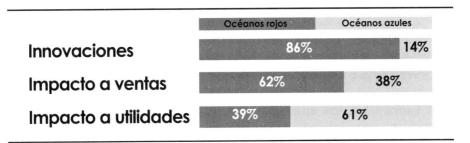

	Océanos rojos	Océanos azules
Innovaciones	86%	14%
Impacto a ventas	62%	38%
Impacto a utilidades	39%	61%

A través de un ejemplo práctico intentaré explicar y motivar el uso de esta metodología que se encuentra muy bien tratada en el libro.

Pensemos en una industria muy competida: hoteles de bajo precio con exceso de capacidad, baja rentabilidad y cuyo mercado son hombres de negocio que trabajan en oficinas. ¿Entrarías a esta industria?

Todo negocio vive de un grupo de clientes, pero hay muchos otros que simplemente no son usuarios pues no lo consideran como opción. Estos no-consumidores son la fuente para crear un *océano azul*. En un capítulo anterior hablé de Enterprise Rent-A-Car, líder de renta de autos en Estados Unidos, que llegó a esa posición porque vio a la gente que requiere un auto económico para llevar al taller su auto, algo que nunca vieron Hertz y Avis.

En el ejemplo del hotel hay un mercado actual y los tres tipos de clientes potenciales: 1. Aquellos que estamos por perder, 2. los que están lejos de ser usuarios y 3. aquellos que piensan que nunca serán usuarios.

Cuadro 9.3. Mercado actual contra potencial no cubierto

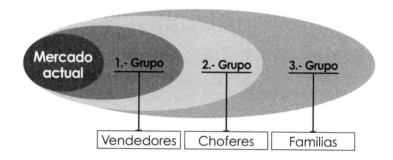

Para crear un *océano azul* tenemos que ofrecer nuevas cosas de valor, reduciendo y eliminando al mismo tiempo aquello que no es apreciado por los potenciales clientes, pero que tiene un costo.

Cuadro 9.4. Crear un *océano azul*

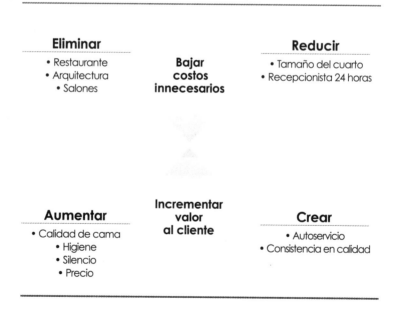

Eliminar	Bajar costos innecesarios	Reducir
• Restaurante		• Tamaño del cuarto
• Arquitectura		• Recepcionista 24 horas
• Salones		

Aumentar	Incrementar valor al cliente	Crear
• Calidad de cama		• Autoservicio
• Higiene		• Consistencia en calidad
• Silencio		
• Precio		

En nuestro ejemplo, podríamos tener hoteles tan confortables en sus camas como un Westin o Marriot, pero con precios similares a los de bajo precio, y con costos de personal e inversiones menores por requerir menos terreno y menos construcción. La rentabilidad sería mejor y serían un *océano azul* hasta que de nuevo aparezca la competencia y se convierta en un *océano rojo*. Es por ello que toda empresa siempre debe contar con proyectos radicales u *océanos azules*.

Podríamos mencionar muchos ejemplos de *océanos azules,* como: Cirque du Soleil; sandwiches Pret a Manger, de Inglaterra; los palos de golf Big Bertha, de Callaway; aviones privados compartidos, Net Jets; iTunes; Ikea; Starbucks; relojes Swatch; Dell; South West Airlines; Facebook; Skype; etcétera.

Un buen balance entre los proyectos *minas de oro*, de *mejora continua* y los *océanos azules* es importante en la estrategia de cualquier empresa. En el capítulo seis vimos la matriz de proyectos estratégicos donde podemos visualizar estas clasificaciones.

Innovación divergente y convergente. Dicen que la mejor manera de tener una buena idea es tener muchas, pero para ello debemos crear la cultura en donde todos seamos protagonistas y no simples espectadores.

¿Cómo activar la innovación en una empresa?

Hay que pensar «fuera de la caja», romper paradigmas y trabajar en equipo. Sin embargo generar la creatividad que nos de soluciones no es tarea sencilla: ¿cuántos años tuvieron que pasar para asociar la rueda a una maleta?

Existen *bloqueadores del proceso de innovación*: la tensión, el «qué dirán», la eficiencia, buscar respuestas únicas y correctas, etcétera. Se nos olvida que no siempre se consiguen resultados al primer intento; Thomas Edison, por ejemplo, perfeccionó el foco después de mil y un ensayos.

Existen las sesiones de lluvia de ideas en donde aflora el pensamiento divergente. Después éstas se pasan por un filtro *convergente* para que una vez hecha la evaluación terminemos con un par de buenas ideas llamadas *emergentes*.

Sin embargo, estos tres pasos no pueden convivir de forma simultánea pues requieren de procesos y gente distinta. Veámoslo en detalle.

> **Pensamiento divergente**: toda empresa debe entrenar a su personal en cómo activar este tipo de pensamiento. Se empieza con una reunión relajada y sin distracciones en donde se define el problema. Ejemplos: el gasto elevado en telefonía, la recuperación de clientes perdidos, etcétera. En estas reuniones deben participar las personas que son la parte central del problema o de la solución. Si hablamos de los ejemplos anteriores, podemos incluir a aquellos que tienen un gasto elevado en teléfono o bien a clientes que hayamos perdido.

> Se empiezan a enlistar y buscar ideas sin importar qué tan locas parezcan. Una regla es que no se permiten los comentarios negativos, pero sí apoyar con algunos puntos o mejorarlas. Generalmente este proceso tiene una duración de una a dos horas y se llegan a generar hasta 250 ideas.

> **Pensamiento convergente**: este proceso ya no requiere a los implicados en el problema, pues se estudiarán las múltiples ideas con un análisis riguroso, que permitirá hacer una selección de las diez mejores. Mientras en el proceso divergente se desea gente creativa, en el convergente se requieren personas con habilidades analíticas.

> **Proceso emergente**: del análisis detallado, generalmente se generan un par de soluciones cuya implementación estará a cargo de quien tiene la responsabilidad del proceso.

Creación de *repúblicas*: Muchas compañías asignan los proyectos *océanos azules* a líderes que tienen el mandato de moverse con rapidez y la libertad de decidir si se apoyan o no en las estructuras de la empresa. Esta libertad genera una especie de *repúblicas* dentro de la misma empresa, las cuales pueden crear conflictos, pero al mismo tiempo se logra el objetivo que se desea. Mientras no tengamos procesos sólidos, esta herramienta es muy útil o de lo contrario la innovación radical corre el peligro de ser boicoteada.

3.3. Establecer los procesos

Tener una cultura de innovación implica tener procesos auto-administrados, para que fluyan las decisiones sin tener que subir hasta la dirección general. Sin estas herramientas, el proceso burocrático sería aún mayor y los resultados desastrosos.

Una de las mejores herramientas que usan las empresas innovadoras se llama *Stage-Gate*. Este proceso ordena todas las nuevas iniciativas bajo un sistema en donde las ideas inician su proceso y para poder seguir vivas tienen que pasar por las siguientes etapas con los indicadores que previamente haya establecido el comité directivo.

Generalmente en un proyecto hay cinco o seis etapas llamadas *gates* hasta que la iniciativa se lanza al mercado. En alguna de las etapas se encuentra la aprobación de inversión por el comité de innovación que ocurre de forma automática si la propuesta pasó las etapas anteriores y en esta última alcanza los indicadores de rentabilidad establecidos.

Dicho de otra forma, el proceso que una dirección tradicional sigue, se pone dentro de un proceso formal, que entrega el poder de decisión a la gente, reduciendo así la intervención de la alta dirección y por lo tanto, los tiempos de ciclo. Es tan simple como ir preguntando a la dirección qué proceso lleva a cabo para aprobar un documento que recibe, las respuestas se ponen en un proceso formal para que sólo tenga que intervenir en los casos que se salen de sus parámetros.

Este proceso es como un embudo: se comienza con muchas ideas y sólo muy pocas logran pasar los filtros.

En una ocasión se acercó a mí una persona con un documento y me preguntó cuánto tiempo tardaba en aprobar un proyecto. En ese momento me di cuenta del poco valor que agregaba, al ser cuello de botella de algunas iniciativas. Le respondí que tardaba entre uno o dos días en aprobarlo, y que si veía que pasaba de un millón le daba una leída. Esta persona me indicó que durante un año ningún proyecto había rebasado el millón de pesos y me sugirió que mi aprobación fuera eliminada del proceso (mientras no superara el límite establecido). Con estos cambios se eliminaría un largo proceso que involucraba a ocho personas y que llevaba entre 25 y 80 días pasar por todos los niveles de aprobación.

Con estos cambios el tiempo se reduciría a seis horas. Había una persona dedicada a este proceso, pero nunca llegó a pensar que era su obligación intentar simplificarlo. Ella recibió entrenamiento de su antecesora y lo replicaba al pie de la letra y todos los que interveníamos simplemente seguíamos el proceso. La única persona que puede innovar es la que vive el proceso, lo conoce, se da cuenta de sus ineficiencias y en cierta manera es afectado directa o indirectamente.

Veamos con un ejemplo cómo funciona el *Stage-Gate* para nuevos productos en donde hay cinco *gates*:

Cuadro 9.5. *Stage-Gate* para innovación de productos

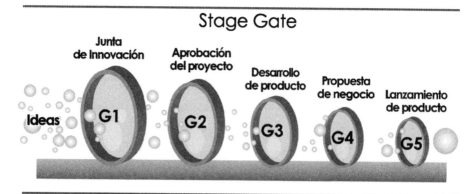

G1 Junta de innovación. En esta reunión se revisan las ideas que surgieron de los ejercicios de innovación divergente y convergente y se aprueban las que se alinean a la estrategia.

G2 Aprobación del proyecto. Solamente las ideas que lograron una prueba de diferenciación contra la competencia se aprueban.

G3 Aprobación del desarrollo de producto. Si el producto presenta en pruebas interés por el consumidor, margen de utilidad mayor a cierto porcentaje y pago de la inversión menor a dos años y medio pasa a la siguiente etapa.

G4 Propuesta de negocio y aprobación de inversión. Esta etapa requiere ver una propuesta completa para aprobar la inversión final. En esta etapa es en la que interviene el director general.

G5 Lanzamiento de producto. Aquí se revisa el estatus del proyecto y sus desviaciones, dándose el banderazo de salida para su lanzamiento.

3.4. Reconocimientos y métricas

Para que una cultura de innovación sea sólida requiere que las métricas, estímulos económicos y reconocimientos estén alineados y se conviertan en una parte importante del éxito de las personas en la empresa; de lo contrario, será muy difícil que la gente tome los riesgos que lleva una cultura del cambio.

Para comenzar, y como lo vimos en el formato de objetivos anuales, siempre debe existir una meta individual de innovación o proyecto de cambio, con sus métricas sobre los resultados esperados, de tal forma que la innovación sea una parte importante de la compensación.

Dicen que lo que no se mide no sucede. Así pues, tener métricas claras sobre los impactos de la innovación en la empresa ayuda a que ésta se haga realidad.

Cada negocio es diferente pero aquí hay algunas ideas de posibles indicadores:

- Número de innovadores como porcentaje de los empleados.

- Porcentaje de ventas de productos nuevos en los últimos doce meses.

- Incremento de margen debido a productos nuevos.

- Ideas radicales como porcentaje del total de ideas.

- Encuesta sobre cultura de innovación para ver sus avances.

- Porcentaje de ideas que vienen de afuera *vs.* porcentaje de las internas.

- Porcentaje de ideas que superaron los objetivos establecidos.

Ideas para crear reconocimientos no monetarios hay tantas como creatividad existe.

A continuación doy una lista de algunas que pudieran servir de inspiración:

- Implementar el Día de la innovación, en el que se reconozcan las mejores ideas del año en distintas categorías (a individuos y grupos) a través de votaciones.

- Pulseras o «pins» para que los directivos reconozcan en forma instantánea ideas, proyectos o actitudes innovadoras y que visiblemente todos los reconozcan como innovadores.

- Notas escritas enviadas al personal que se distingue por innovación y que las mismas tengan una nota impresa que diga «Por ser un emprendedor».

- Tardes libres para quien hace realidad sus ideas

Los factores decorativos, códigos de vestimenta y lenguaje también influyen mucho en la cultura de innovación. Las personas deben entrar a sus espacios de trabajo y sentir que reflejan un espíritu de innovación y apertura al cambio. Veamos las siguientes fotos: ¿qué ambiente refleja una cultura de innovación?

¿Cómo sabremos si hemos logrado una cultura de innovación?

- Cuando tengamos una cultura incluyente a distintas ideas, personas y géneros.

- Cuando tengamos banca para casi todos los puestos de la empresa.

- Cuando todos tengamos tiempo para pensar.

- Cuando la organización sea simple, por procesos centrados en el cliente y con una ejecución perfecta.

- Cuando tengamos balance de vida en el trabajo.

- Cuando la tecnología sea un habilitador para darle poder a la gente.

- Cuando el pensamiento divergente sea parte de la rutina.

- Cuando se reconozca a quien se atrevió a intentarlo aun y cuando tropiece.

Los líderes del siglo XXI, tendrán que estar reinventando la organización todos los días.

10

La recompensa

La innovación es lo que distingue a los líderes de los seguidores.
STEVE JOBS

Los principios de transformación para ser una empresa admirada serán más complicados mientras más grande y antigua sea una organización, pues tendrá que enfrentar paradigmas y vicios difíciles de desterrar.

Por primera vez, las empresas pequeñas son una amenaza para las grandes, pues su agilidad para moverse con rapidez es su ventaja competitiva. Muchas de las herramientas que se describen en este libro funcionan con cualquier tamaño de empresa; sin embargo, el pequeño empresario siempre debe pensar que tener herramientas de clase mundial y ser una empresa admirada no es sólo para las empresas grandes… puede que algún día su empresa también lo sea.

Para el pequeño empresario atraer talento es tan crítico como para el grande, pero requiere crear las condiciones de trabajo de una empresa admirada para atraerlo y cautivarlo. Siempre pensamos que no podemos competir con los sueldos de los grandes pero es mentira, porque el pequeño puede generar mejores ambientes de trabajo, flexibilidad, capacidad para tomar decisiones y alinear compensaciones más agresivas en forma variable.

Hemos hablado de líderes y muchos seguramente están lejos de estas posiciones. Pero si está en sus planes o algún día piensa ser empresario, hay que prepararse y actuar como lo que desea ser. Además, cualquier actividad que hagamos será más gratificante si entendemos cómo funciona el conjunto y vemos el bosque completo, no solamente los árboles.

Recordemos que el rol de un líder, de un empresario, es complicado, pues tendrá que: crear una visión más distintiva (menos amplia y más focalizada); expandir su mercado con más clientes y nuevos territorios; comunicar la visión y mantener la disciplina alrededor de la estrategia; medir el progreso; establecer una organización basada en los procesos del cliente y valor agregado, reduciendo los tiempos del ciclo; reforzar el reconocimiento y la recompensa basada en la cultura de desempeño; promover, desarrollar y capacitar a la gente para que tome decisiones y responsabilidades y luchar y compartir el éxito en equipo.

Mantener la vista en el futuro es muy importante, pero poner los pies en la tierra es indispensable. Cualquier empresa requiere alinear a un grupo de personas y estar seguro de que la dirección es entendida y compartida. Revisar que la estrategia sea comprendida es parte del rol de cualquier líder y en un proceso de transformación debemos hacer a nuestros directivos una sola pregunta: ¿cómo nos vamos a transformar nosotros y la industria en donde competimos?

Estaremos en el camino correcto si hay consenso en la respuesta, si ésta sorprenderá y pondrá a temblar a la competencia y si ya está reflejada en las prioridades de corto plazo.

El contenido de este libro ofrece una visión de conjunto y un menú de algunas de las mejores herramientas, pero hay que tener cuidado en cómo usarlas. Un líder es alguien que nos llevará a un lugar al que no iríamos solos y la elección del camino, los pasos y los tiempos son parte de su responsabilidad. Cada empresa tiene mercados y problemáticas distintas y de esto dependerá el camino a seguir.

Una matriz en donde anotemos los focos rojos o los riesgos potenciales del negocio y por el otro la probabilidad de ocurrencia, nos ayudará a tomar algunas decisiones.

Cuadro 10.1. Análisis de riesgo y estrategias para mitigarlo

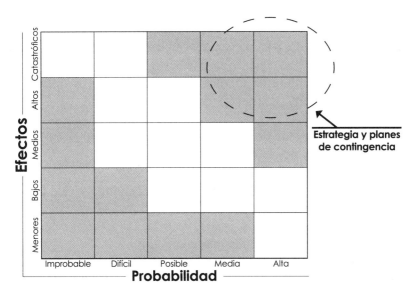

Si tenemos riesgos catastróficos con alta probabilidad de ocurrencia, ahí deberían estar nuestras energías de transformación. También ayuda poner una lista sobre los distintos proyectos y calificarlos en temas de: complejidad de implementación, impacto en ventas o utilidades, condiciones actuales, etcétera. Los proyectos de alto impacto y facilidad de implementación deberían ser prioritarios pues éstos ayudarán a mitigar la resistencia al cambio.

Para ser una empresa admirada debemos:

- Elegir una carrera diferente y no correr la misma carrera; eso sí, correr más rápido.

- Un alineamiento del equipo directivo es esencial: congruencia entre lo que dicen y hacen. Tener claridad en la visión y el negocio en el que queremos competir, cómo competir y las ventajas competitivas.

- Claridad de lo que se tiene que hacer para implementar la estrategia.

- Tener motivadas a las personas y con las competencias necesarias.

- Crear una cultura de innovación y cambio que establezca las normas, valores, actitudes y conductas requeridas.

- Una organización enfocada al cliente con los sistemas de reconocimiento y desarrollo del talento y su banca.

El camino no es fácil, pero la recompensa es enorme y vale la pena pagar el precio:

- Tendremos una compañía más competitiva.

- Construiremos la lealtad de nuestros clientes.

- Mejoraremos la calidad y velocidad de nuestras decisiones.

- El negocio funcionará mejor.

- La gente será más efectiva y estará feliz y comprometida.

- Y los accionistas tendrán gran confianza para seguir invirtiendo.

En conclusión, si queremos elegir cuatro *batallas* y en eso enfocar nuestros esfuerzos de transformación, recomiendo:

- Concentrarnos en construir ventajas competitivas.

- Construir una organización rápida por procesos y con poder a los equipos de clientes y marcas.

- Cambiar el rol de líder a ser *coach*, entrenador, facilitador y dar el poder a la gente de la línea

- Hacer que el consumidor sea nuestro único y verdadero jefe.

Para cerrar:

1 ¿Cuándo sabremos que estamos cerca de ser una empresa admirada?

- Cuando los consumidores nos admiren y expresen que nuestros productos son sus favoritos y que reciben mucho más por lo que pagan.

- Cuando nuestros clientes nos pongan de ejemplo por el extraordinario servicio y calidad humana de nuestra gente.

- Cuando los competidores globales nos envidien por nuestra gran capacidad de innovar y sorprender al mercado.

- Cuando nuestra gente sienta que somos el mejor lugar para trabajar.

Y por último, cuando los crecimientos y márgenes de ganancia a los accionistas sean de más del doble de lo que obtienen nuestros competidores más cercanos.

Esta gran recompensa solamente la obtendremos si logramos tener empleados con habilidades que no requirieron anteriormente y organizaciones flexibles y abiertas al cambio.

Si quieres saber qué tan cerca está tu empresa de ser admirada, haz esta pequeña encuesta entre clientes, empleados y accionistas.

1. **Clientes.** ¿La compañía o marca está preocupada por tu bienestar y es una marca o compañía que admiro?

2. **Empleados.** ¿Es el mejor lugar para trabajar y es el lugar que te gustaría para tus hijos?

3. Accionistas. ¿Su retorno sobre inversión es superior al 15% anual?

Si todas ellas están arriba de siete de calificación en una escala del uno al diez, estás en el camino correcto, pues estás logrando un balance al que muy pocos empresarios pueden aspirar.

Tanto los consumidores, como los empleados y accionistas buscan maximizar sus beneficios, por lo que lograr tener contentos a todos es un gran reto. Las empresas admiradas perduran por muchos años más, además de ser empresas muy valiosas, pues logran sus resultados sin tomar ventajas de sus clientes o empleados.

Los líderes construyen puentes hacia el futuro. Puentes de esperanza, ideas y oportunidades. Puentes anchos y fuertes para que los que quieran cruzarlos lo puedan hacer con seguridad.

11

Frases relevantes

En todo cambio cultural, la comunicación es imprescindible. El ejemplo y la consistencia entre el decir y el hacer son muy importantes. Hay frases cortas y célebres que sintetizan muchos de los pensamientos del mundo de negocios.

Durante mi vida profesional he buscado frases para que fueran mi firma en toda comunicación y éstas las cambiaba cada mes. Si estaba en el año de la innovación, antes de iniciar el año elegía doce frases. Durante todo ese año notaba que muchas de esas frases pasaban a ser parte del lenguaje de mucha gente e inclusive comenzaban sus presentaciones con alguna de ellas. También noté que la gente comenzaba a firmar con sus propias frases.

Abría y cerraba todas mis presentaciones con frases que ayudaran a comunicar la esencia y filosofía de lo que ahí discutiríamos. Sin lugar a dudas, este pequeño detalle impulsaba en los procesos de transformación.

A continuación comparto con ustedes algunas de ellas; algunas anónimas, y de otras desconozco el autor, por lo que de antemano pido disculpas. Las intenté clasificar en las tres etapas del proceso de transformación VOC para su mejor utilización.

Alinear la Visión

Los nuevos retos a los que hoy nos enfrentamos, no los podemos resolver con el mismo pensamiento que tenían cuando se iniciaron.

ALBERT EINSTEIN

La mejor forma de predecir el futuro es crearlo.

PETER DRUCKER

Un líder es alguien que escogemos seguir para ir a un lugar al que no iríamos solos.

Los líderes construyen puentes hacia el futuro. Puentes de esperanza, ideas y oportunidades. Puentes anchos y fuertes para que los que quieran cruzar lo puedan hacer con seguridad.

La responsabilidad del líder es preocuparse por el mañana.

Debemos el progreso a los insatisfechos.

Si no sabes a dónde vas, puedes tomar cualquier camino.

*Algunas personas quieren que suceda, otros desean que suceda,
pero algunos lo hacen realidad.*

Visión es la habilidad de ver más allá de lo que otros ven.

*En los negocios, palabras son palabras, explicaciones son explicaciones,
promesas son promesas, pero sólo los resultados son realidad.*

Tus problemas crean las oportunidades.

*Como predecir el futuro es difícil, la mejor manera de controlar nuestro
destino es creando nuestro propio futuro.*

Las ideas son buenas si tenemos la habilidad de hacer que sucedan.

Resistirse al cambio es tan inútil como oponerse a que salga el sol.

*El triunfador ve una oportunidad cerca de cada obstáculo;
el perdedor ve de dos a tres obstáculos cerca de cada oportunidad.*

*Si hacemos las cosas bien a la primera, trabajaremos menos
y complaceremos a nuestro jefe: el consumidor.*

*Los ideales son como las estrellas; no triunfarás al tocarlas con tus
manos, pero las escoges como tus guías y al seguirlas alcanzas tu destino.*

El mayor riesgo en la vida es no arriesgar.

*El éxito de cualquier negocio se fundamenta en buscar una necesidad
y satisfacerla adecuadamente.*

Los resultados de una empresa no están en el interior de sus paredes.

Un buen negocio requiere clientes satisfechos.

Los clientes insatisfechos son nuestra principal fuente de información.

Los objetivos deben ser: medibles, específicos, alcanzables, estar por escrito y tener una fecha determinada.

Pensar hoy los negocios repitiendo formulas exitosas en el pasado puede tener la misma consecuencia que manejar un auto mirando sólo por el espejo retrovisor.

Mantén tu vista en las estrellas y tus pies en la tierra.
THEODORE ROOSEVELT

Yo busco lo que el mundo necesita y entonces trato de inventarlo.
THOMAS EDISON

¿Qué es imposible hacer hoy, que si lo hiciéramos cambiaría los fundamentos de nuestro negocio?

Lo imposible de hoy, creará el futuro.

La mejor forma de hacer tus sueños realidad, es despertarse.

Si tienes un sueño y crees en él, corres el riesgo de que se convierta en realidad.

En este lugar perdemos demasiado tiempo mirando hacia atrás. Camina hacia el futuro, abriendo nuevas puertas y probando cosas nuevas, sé curioso... porque nuestra curiosidad siempre nos conduce por nuevos caminos.

WALT DISNEY

El futuro es el lugar a donde los líderes nos guían.

No sigas el camino, ve por donde no haya vereda y deja una huella.

El mundo es de aquellos que sueñan, que tienen el coraje y la pasión de vivir sus sueños y hacer de su visión una realidad.

Alinear la Organización

Cuando el ritmo de cambio del entorno es mayor que el ritmo de cambio interno de la organización... el final está cerca.

En el futuro habrá dos tipos de empresas: las rápidas y las muertas.

Las organizaciones están tan concentradas en hacer las cosas correctas, que difícilmente tienen tiempo para pensar si están haciendo correctas las cosas.

STEPHEN COVEY

A pesar de que la ejecución es crítica para el éxito organizacional, muchas organizaciones están saturadas de planes escrupulosamente redactados que permanecen en el olvido por la falta de atención, interés y desconocimiento del proceso de ejecución.

Es mejor una decisión rápida que la mejor decisión tarde.

La gente puede tomar buenas decisiones si está bien entrenada. Si las operaciones son difíciles de entender, no podrás entrenar y habrá errores. Haz tus procesos fáciles de entender.

Hay personas que esperan que las cosas sucedan...
y hay personas que hacen que las cosas sucedan.

No gastes, encuentra la manera de asociarte, de hacer alianzas,
para esto hay que luchar con el propio ego.

La mejor estructura no garantizará los resultados ni el rendimiento.
Pero la estructura equivocada es una garantía de fracaso.

PETER DRUCKER

La función de la empresa es crear clientes.

Conseguimos brillantes resultados de gente ordinaria manejando
brillantes procesos. Otros logran resultados ordinarios de gente
brillante manejando procesos rotos.

Si las cosas parecen en control, seguramente vas muy lento.

Alinear la Cultura

Los líderes pueden tener un impacto positivo o negativo sobre sus seguidores, con base en el estilo de liderazgo que elijan.

Si trabajas sólo por el dinero, éste nunca llegará. Pero si te gusta lo que haces y siempre pones al cliente en primer lugar, el éxito llegará.

RAY KROC. FUNDADOR MCDONALD´S

Existe algo más escaso, fino y raro que el talento: es el talento de reconocer a los talentosos.

En un mundo cambiante lo que funcionó ayer, es probable que hoy no funcione.

Creatividad es pensar nuevas cosas, innovación es hacer nuevas cosas.

Innovación es la gasolina del crecimiento. Cuando se pierde se deja de crecer.

Una buena estrategia no es mejorar lo que uno hace,
sino ser diferente en lo que uno hace.

Los líderes del siglo XXI, tendrán que estar reinventando
la organización todos los días.

Lo que crea confianza es cuando un líder respeta a sus seguidores.

Nunca debemos dudar que un pequeño grupo de gente comprometida
puede cambiar al mundo.

Las mejores cosas sólo las pueden hacer las mejores personas,
busca tenerlas aunque sólo sean en un 5% mejor que la competencia.
Si no las tienes, consíguelas.

La innovación es lo que distingue a los líderes de los seguidores.
STEVE JOBS

La imaginación es más importante que el conocimiento.
Este último es limitado.
ALBERT EINSTEIN

*No hay que innovar para competir,
sino innovar para cambiar las reglas del juego.*

---

*No entiendo por qué la gente se asusta de las nuevas ideas.
Debería asustarse de las viejas ideas.*

No fallé 1,000 veces. El foco fue inventado en el intento 1,001.

THOMAS EDISON

Toda organización necesita una competencia... Innovación.

PETER DRUCKER

---

*Invención es el proceso de descubrir cosas no inventadas antes,
innovación es descubrir formas de crear valor. No todos pueden
ser inventores, pero todos pueden ser innovadores.*

S. SHAPIRO

El talento es una cualidad, la actitud positiva al trabajo una virtud.

---

*La mayoría de nosotros no podríamos hacer grandes cosas,
pero podemos hacer cosas pequeñas muy bien hechas.*

Tratemos a nuestros subordinados como queremos que ellos traten a los clientes.

Nosotros es el frente común que logra desafiar cualquier reto y adversidad.

El talento gana juegos, pero el trabajo en equipo gana campeonatos.
MICHAEL JORDAN

Puedes considerarte un buen ejecutivo cuando consigues resultados extraordinarios de gente ordinaria.

Se puede decir que no hay país subdesarrollado sino mal gestionado.

La prueba de una innovación no es su novedad, ni su contenido científico, ni el ingenio de la idea... es su éxito en el mercado.

A los elefantes les cuesta mucho adaptarse, las cucarachas sobreviven a todo.
PETER DRUCKER

Un hombre inteligente es aquel que sabe ser tan inteligente como para contratar gente más inteligente que él.

El verdadero viaje de descubrimiento no consiste en buscar mundos nuevos, sino en tener nuevos ojos.

MARCEL PROUST

Si no produce ventas, no es creativo.

Hay dos reglas básicas del cambio: es inevitable y todo el mundo se resiste.

Si el camino se torna fácil, lo más seguro es que vayas de bajada.

Fuimos educados bajo patrones de poder, es necesario sustituir los viejos esquemas por nuevas alternativas de colaboración.

La velocidad con que una organización aprende es una de sus mayores ventajas competitivas.

El desafío forma al triunfador y no cabe desafío sin riesgo al fracaso, pues el éxito y el fracaso siempre van de la mano.

Implementar las mejores prácticas significa replicar el pasado, innovar significa diseñar el futuro.

La innovación es reconocida como el ingrediente más importante de la economía moderna.

Quienes mejor sepan leer los cambios culturales en las sociedades en las que operan, mejor aprovecharán y resistirán los inevitables cambios de escenarios.

Una empresa que no sea lo suficientemente innovadora, desaparecerá del mercado de una u otra forma. Sólo será cuestión de tiempo.

No son las especies más fuertes las que sobreviven, ni las más inteligentes, sino aquellas que se adaptan al cambio.
CHARLES DARWIN

Llegar a la cima no es el reto, sino nunca dejar de subir.
WALT DISNEY

Anexos

Anexo 1

EVALUACIÓN DEL LÍDER

	Debilidad 1	Puede desarrollarse 2	Fortaleza 3
Pensamiento estratégico			
• Desarrolla la estrategia y la traduce en planes muy concretos de acción			
• Identifica tendencias que otros no ven y se anticipa a los riesgos y problemas			
• Detecta las raíces de los problemas y entiende lo que hay que cambiar			
• Identifica las fortalezas y enfoca los recursos en las principales oportunidades			
• Construye ventajas competitivas y reta al sistema con gran liderazgo			
• Tiene la habilidad de dirigir el cambio y lograr que otros lo adopten			
• La habilidad de entender la complejidad y pasarla en acciones simples			
Excelente ejecución:			
• Tiene una gran pasión y entrega por los resultados comprometidos			
• Actúa con sentido de urgencia			
• Se involucra en los detalles sin perder el objetivo final			
• Es disciplinado y está enfocado en las prioridades de mayor impacto			
• Maneja un buen balance entre el corto y largo plazo, las ventas y las utilidades			
• Sabe manejar las crisis y se aprovecha cuando ve oportunidades			
• Enfrenta la realidad y sabe ajustarse para entregar los compromisos			
Experiencia:			
• Es un gran conocedor del negocio y de lo que sucede en un mundo competitivo			
• Entiende la dinámica de diferentes modelos de negocio y conocimiento de varios procesos de la empresa			
• Su experiencia es muy amplia y variada o es un experto en una función			
• Le gusta estar fuera de la oficina en el mundo real con clientes, fábricas, empleados, etcétera.			

Anexo 1 (continuación)

Un líder que:
- Genera altas expectativas, inspirando a otros a seguirlas en un ambiente ganador
- Traduce la visión en algo simple que todos pueden entender y quieren seguir
- Usa la cabeza y el corazón. Es compasivo pero siempre toma las mejores decisiones para la compañía
- Tiene la habilidad de inspirar a la gente sin necesidad de usar la fuerza del poder
- Siempre está buscando resultados que superen las expectativas
- Logra relaciones basadas en confianza y apertura

Autoconfianza y sensible a la cultura:
- Entiende sus valores, estilo y conductas y como afectan a los demás
- Tiene curiosidad intelectual y nunca deja de aprender
- Confía en su instinto, pero acepta que no tiene todas las respuestas
- Habilidad para entender y aprender de múltiples culturas
- Conoce sus fortalezas y las áreas en las que debe pedir ayuda
- Reconoce, valora y respeta la dignidad de las personas y su cultura
- Habilidad de ver el mundo con lentes diferentes y romper paradigmas
- Ajusta su estilo de liderazgo para adaptarlo a la cultura donde esté

Desarrollo de talento:
- Da retroalimentación constructiva, nuevos retos y asignaciones que hace que la gente crezca
- Se toma el tiempo y muestra compromiso con el desarrollo de su gente y da valor como coach
- Toma decisiones difíciles de personal y da anticipadamente retroalimentación
- Da un impulso al desarrollo del talento en toda la organización
- Identifica el talento y trabaja para desarrollar su potencial
- Siempre está retando las metas y ayudando a que la gente las logre

Carácter:
- Sabe manejar el estrés y no permite que impacte negativamente en su carácter
- Maneja la adversidad con realismo y un toque de optimismo hacia el futuro
- Tiene confianza, pasión y coraje en su actuar
- Confronta situaciones difíciles con apertura y honestidad
- Es sensible a los sentimientos y motivaciones de los demás
- Es humilde y no permite que sus deseos y egos personales lo dominen

Anexo 2

EVALUACIÓN DE LIDERAZGO EN LA EMPRESA								
NOMBRES	PENSAMIENTO ESTRATÉGICO	EXCELENTE EJECUCIÓN	EXPERIENCIA	UN LÍDER QUE INSPIRA	AUTOCONFIANZA Y SENSIBLE A LA CULTURA	DESARROLLO DE TALENTO	CARÁCTER	PROMEDIO

Anexo 3

ENCUESTA DE EQUIPOS EFECTIVOS DE TRABAJO

	Promedio	1	2	3	4	5	6	7	8	9	10
1. Tenemos una visión, misión y valores comúnes.											
2. Respetamos las agendas de los demás.											
3. Tenemos una actitud de colaboración y apoyo sin fronteras funcionales.											
4. Mantenemos un alto nivel de confianza, tolerancia y respeto.											
5. Trabajamos alineados y en equipo.											
6. Tenemos una clara definición de roles, responsabilidades y objetivos.											
7. Mantenemos una comunicación efectiva.											
8. Tenemos un sistema que reconoce el éxito del equipo.											
9. Fomentamos la innovación.											
10. Estamos abiertos a recibir y dar feedback.											
11. Contamos con reglas claras de trabajo en equipo.											
12. Tomamos decisiones participativas como equipo.											
13. Nuestras reuniones de trabajo son eficientes.											

Anexo 4

ENCUESTA DE CLIMA LABORAL

Utiliza la siguiente escala para responder las preguntas

TOTALMENTE DE ACUERDO
DE ACUERDO
NI DE ACUERDO NI EN DESACUERDO
EN DESACUERDO
TOTALMENTE EN DESACUERDO

1. Tengo la confianza en el equipo directivo y que la compañía va por el camino correcto.

| 1 | 2 | 3 | 4 | 5 |

2. La compañía está realizando los cambios necesarios para competir más agresivamente.

| 1 | 2 | 3 | 4 | 5 |

3. Nuestras decisiones siempre toman en cuenta los valores de la empresa.

| 1 | 2 | 3 | 4 | 5 |

4. La compañía me ayuda a balancear mi vida personal y el trabajo.

| 1 | 2 | 3 | 4 | 5 |

5. Actualmente estoy buscando trabajo en otra compañía.

| 1 | 2 | 3 | 4 | 5 |

6. Yo le recomendaría a un amigo trabajar en esta compañía.

| 1 | 2 | 3 | 4 | 5 |

7. La organización actual ayuda a que todos trabajemos en equipo y cooperación.

| 1 | 2 | 3 | 4 | 5 |

8. Nuestros gerentes se preocupan tanto por los resultados como por el desarrollo de la gente.

| 1 | 2 | 3 | 4 | 5 |

9. Yo creo que en esta compañía podré tener una carrera exitosa.

| 1 | 2 | 3 | 4 | 5 |

10. Mi jefe se preocupa de mí como persona y me trata con respeto.

| 1 | 2 | 3 | 4 | 5 |

11. Intentaré buscar un nuevo trabajo en otra compañía el próximo año.

| 1 | 2 | 3 | 4 | 5 |

12. Tenemos un ambiente de trabajo en el que se valoran diferentes puntos de vista y mi supervisor lo apoya.

| 1 | 2 | 3 | 4 | 5 |

13. Las promociones y nuevos puestos se asignan de forma justa y con base en el desempeño y habilidades de las personas.

| 1 | 2 | 3 | 4 | 5 |

14. He recibido el entrenamiento necesario para realizar mi trabajo.

1	2	3	4	5

15. Me siento muy orgulloso de trabajar en esta empresa.

1	2	3	4	5

16. Mi supervisor me da retroalimentación del trabajo que desempeño.

1	2	3	4	5

17. Si algo no me gusta de la empresa, siento que puedo decírselo a mi jefe y que él me escuchará.

1	2	3	4	5

18. Estás satisfecho con las condiciones físicas de tu área de trabajo.

1	2	3	4	5

19. ¿Cuál es tu satisfacción sobre el sueldo y las prestaciones que recibes?

1	2	3	4	5

20. ¿Si hoy te ofrecieran en otra empresa un empleo con el mismo sueldo, te cambiarías?

1	2	3	4	5

21. ¿Estás satisfecho con el reconocimiento que obtienes al hacer un buen trabajo?

1	2	3	4	5

22. Mi supervisión crea un ambiente de trabajo agradable y divertido.

1	2	3	4	5

23. La compañía siempre cumple con lo que me promete.

1	2	3	4	5

24. Tengo las herramientas y el equipo adecuado para realizar mi trabajo.

1	2	3	4	5

25. Cuando hay un nuevo puesto, la empresa lo comunica para que podamos ser candidatos.

1	2	3	4	5

26. ¿Cómo calificarías a esta empresa en comparación con otras compañías.

1	2	3	4	5

27. Hay igualdad de oportunidades para todos, sin importar diferencias de: educación, sexo, raza, color de piel, discapacidad, religión, etcétera.

1	2	3	4	5

28. Hay un ambiente que propicia la innovación y las nuevas ideas

1	2	3	4	5

29. Siempre trato de hacer mi mayor esfuerzo para beneficio de la empresa.

1	2	3	4	5

30. ¿Cómo calificarías el trabajo de tu jefe inmediato?

1	2	3	4	5

Anexo 5

OBJETIVOS ANUALES

NOMBRE:	PUESTO:	PERIODO:
SUPERVISOR:	LOCALIDAD:	ÁREA:

NEGOCIO

OBJETIVOS	RESULTADOS
I.- Prioridades del negocio	
II.- Transformación y cambio	

GENTE

OBJETIVOS	RESULTADOS
III.- Desarrollo del talento	
IV.- Desarrollo del mismo	

Anexo 6

NOMBRE:

FOTO

PUESTO:

III. PREFERENCIAS
DE CARRERA

I. EDUCACIÓN:

Escuela: Grado

IV. PLAN DE CARRERA

II. RESULTADOS 360°

FORTALEZAS:

V. HISTORIAL DE RESULTADOS (3 ÚLTIMOS)

OPORTUNIDADES:

VI. HISTORIA DE TRABAJOS (3 ÚLTIMOS)

MÁS ALLÁ
DE LA PALABRA ESCRITA

Autores que te hablan cara a cara.

Descubre LID Conferenciantes,
un servicio creado para que las empresas
puedan acceder en vivo y en directo
a las mejores ideas, aplicadas a su
entorno por los más destacados
creadores del pensamiento empresarial.

- Un espacio donde sólo están
  los mejores para que sea fácil seleccionar
  al conferenciante más adecuado.

- Un sitio con todos los datos y vídeos para
  que estés seguro de lo que vas a contratar.

- Un punto lleno de ideas y sugerencias
  sobre las cuestiones más actuales
  e interesantes.

- Un marco para encontrar directamente
  a los grandes ponentes internacionales.

- El único servicio de conferenciantes
  con el saber hacer de unos editores
  expertos en temas empresariales.

- La red de los mejores especialistas
  en empresa que cubre España
  e Iberoamérica.

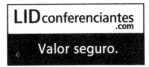

LIDconferenciantes
.com

Valor seguro.